생각하는아이 실천편
기다리는엄마

생각하는 아이
기다리는 엄마 _실천편

초판 1쇄 발행 · 2013년 6월 20일
초판 2쇄 발행 · 2013년 7월 12일

지은이 · 홍수현
펴낸이 · 이종문(李從聞)
펴낸곳 · 국일미디어

편집기획 · 송인국, 김미화, 홍지은, 김숙연, 한송희
디자인 · 이희욱, 강찬숙
영업마케팅 · 김종진, 이진석, 정아민
교육사업부 · 임상국
관리 · 최옥희, 장은미
제작 · 유수경

등록 · 제406-2005-000025호
주소 · 경기도 파주시 교하읍 문발리 파주출판문화정보산업단지 507-9
영업부 · Tel 031)955-6050 l Fax 031)955-6051
편집부 · Tel 031)955-6070 l Fax 031)955-6071

평생전화번호 · 0502-237-9101~3

홈페이지 · www.ekugil.com (한글인터넷주소 · 국일미디어, 국일출판사)
E-mail · kugil@ekugil.com

값은 표지 뒷면에 표기되어 있습니다.
잘못된 책은 바꾸어 드립니다.

ISBN 978-89-7425-601-2 (13320)

생각하는 **아이** 실천편

| 홍수현 지음 |

기다리는 **엄마**

국일미디어

창의적 글쓰기를 위한
만만한 실용서가 되길 바라며

우리는 옷을 고를 때 남과 다른 나만의 개성을 표현할 수 있는 디자인을 고르기 위해 긴 시간 발품을 팝니다. 그뿐인가요? 많은 사람이 가질 수 없는 '한정판'이라는 물건에 더 시선이 끌리지요. 또 자신의 물건에 혼을 담는 장인이 만들었다는 세상에 단 하나뿐인 수공예품에는 더 높은 가치를 매깁니다.

우리의 생각을 표현하는 글은 공산품과 수공예품 중 어느 쪽이어야 할까요?

안타깝게도 요즘 아이들의 생각과 글은 공장에서 찍어내는 대중적이고 흔한 공산품과 점점 닮아가고 있습니다. 아이들이 쓴 글 속에서 자신만의 생각은 찾아보기 어렵고 남의 글을 베낀 듯한 내용과 단어들만이 무의미하게 나열되어 있어요. 자신만의 개성 있는 표현 또한 찾아보기 어렵지요. 이는 아이들이 공산품 같은 모범답안만을 교육받고 인정받으며 자라왔기 때문일 것입니다.

공산품 중에는 다른 것들과 똑같지 않으면 불량품으로 간주되어 그 가치를 인정받지 못하는 물건들이 있습니다. 하지만 '생각하기'와 '글쓰기'에서는 이런 불량품 같은 '다른 생각'도 필요해요. 어른들의 잣대로 보면 불량품처럼 보일지라도 이런 아이들의 엉뚱하고 다른 생각들이 모여서 글이 된다면 자신만의 개성이 잘 표현된 살아 있는 글이 될 거라고 생각합니다. 또 한 땀 한 땀 자신의 혼을 담아 작품을 만드는 장인의 정성을 배운다면 아이들의 글 속에서도 진실된 마음이 느껴질 것입니다.

아이들이 남과 다르게 읽고 생각하여 자신만의 글을 쓰는 '생각하기 장인'이 되기를 바라는 마음으로 《생각하는 아이 기다리는 엄마 실천편》을 준비했습니다.

'무식하면 용감하다'고 처음으로 책 출간이라는 엄청난 일을 겁도 없이 저지르고 나서 벌써 2년이라는 시간이 지났습니다. 책이 출간된 후 기대했던 것보다 훨씬 많은 관심을 받으며 어리둥절하고 참으로 행복하기도 했던 시간이었습니다.

책을 읽고 직접 연락을 주신 독자분들로부터 받았던 질문과 도서관, 문화센터 등의 강연회에서 받았던 질문들 그리고 수많은 댓글들을 읽으며 책읽기를 통한 생각하는 글쓰기에 대한 엄마들의 욕구와 실제 사례를 듣고 싶은 엄마들의 마음을 피부로 직접 느낄 수 있었습니다.

'무슨 책을 읽고 어떤 질문을 해주어야 할까?' '생각을 확장할 수 있는 질문은 어떻게 해야 할까?' 엄마가 창의력이 없어 아이들에게 질문하기조차 어렵다는 독자들의 한결같은 고민을 들으며 저 또한 창의력 없는 엄마였기에 충분히 그 마음을 공감할 수 있었습니다.

이 일을 시작하기 전에는 저 역시 하나를 빼면 그 자리에 꽂는 것밖에 몰랐던 엄마였기에 독자들의 고민이 충분히 이해가 되었지요. 내 아이를 위해서라면 꽉 막힌 엄마의 생각부터 바꿀 필요가 있다는 것을 느끼며, 거꾸로 생각하고 더 생각하기를 기꺼이 즐거운 마음으로 할 수 있었던 것은 바로 엄마이기에 가능했던 일이었습니다.

부족한 글에 넘치는 칭찬을 주신 많은 독자분들에게 이번에는 감사함에 보답하는 글을 써야 한다는 의무감으로 또 한 번 용기를 내보려 합니다. 《생각하는 아이 기다리는 엄마》가 교육에 대해 제가 하고 싶은 이야기를 제 아이들을 키웠던 경험을 바탕으로 설명했다면, 이번 '실천 편'에서는 독자들이 듣고 싶어 하는 간지러운 곳을 긁어주는 글을 쓰고자 합니다. '실천 편'에서 역시 제가 현장에서 직접 만났던 아이들과의 살아 있는 생생한 경험들이 소재가 되었습니다.

내 아이에게 즐거운 책읽기 경험을 통해 나만의 창의적인 생각을 표현하는 글을 쓰게 하고 싶은 대한민국 엄마라면 누구나 활용해볼 수 있는 만만한 글쓰기 실용서가 되길 바랍니다.

2013년 6월

홍수현

차례

 2장 사고력이 쑥쑥, 책 속에서 생각 찾기

3장 창의력 키우는 생각 더하기

4장 자신의 생각을 표현하는 창의적인 글쓰기

5장 고학년의 독서와 자기주도학습

1장

생각하는
아이로 키우는
책읽기

책읽기로 **생각의**
날개를 달다

교습소에 오는 유치원생 아이들에게 물어보았습니다.

"왜 책을 읽어야 할까?"

"공부 잘하려고요."

"엄마가 그러는데 똑똑한 사람이 되려면 책을 읽어야 한대요."

"생각 잘 하려고요."

"재밌어서요."

"모르는 걸 알려고요."

이렇듯 책을 읽어야 한다는 사실은 이제 유치원생 아이들도 모두 알 정도로 당연한 일이 되었습니다.

그런데 저는 책을 읽어야 하는 첫 번째 이유는 '우리의 생각에 자극을 주기 위해서'라고 말합니다. 이어령 님의 《생각 깨우기》라는 책을 보면 생각을 깨우기 위한 구체적인 방법들이 몇 가지 소개되어 있어요. 하지만 저는 '생각 깨우기'의 가장 쉬운 방법은 '책읽기'를 통해서 시작된다고 생각합니다.

책을 읽는 도중에 아이들은 저절로 스스로에게 '왜?'라는 질문을 던지게 되고, 생각주머니 속의 생각을 깨우는 방법을 터득하게 될 것입니다. 이런 '생각 깨우기' 과정을 통해 아이의 생각은 점점 성숙해지고 새로워지며 영글어가게 되지요. 아이들은 책읽기를 통해 '왜?'라는 호기심을 생산하고 다시 책을 통해 그 호기심을 채우게 됩니다. 이렇듯 조금 더 깊고 넓은 호기심을 생산하는 경험은 어려서부터 해야 합니다.

책을 읽어야 하는 두 번째 이유는, 책읽기는 늘 같은 일상에서 살면서 무기력해진 감성들을 다시 되돌아보게 하는 힘을 가지고 있기 때문입니다. 내가 읽은 책 속의 한 구절이 내 가슴에 들어와 나의 생각과 생활을 깨우고 성장시켰던 경험을 누구나 한 번쯤은 해보았을 거예요. 아이들에게도 소중한 책 속의 한 구절을 가슴에 새겨주고 싶은 것이 바로 엄마의 마음이겠지요.

마지막으로 책을 읽어야 하는 보편적 이유는 다양한 곳에서 다양한 경험을 쌓은, 나와 다른 생각을 가지고 있는 수많은 사람들의 생각을 엿볼 수 있는 가장 쉬운 방법이 바로 책읽기이기 때문입니다. 책에는 우리가 미처 알지 못했던 지식뿐만 아니라 인생의 지혜도 담겨 있습니다. 아이들에게 과거 거인들의 지혜를 문자로라도 알게 해줄 수 있는 것이 얼마나 다행스런 일인가요?

생각하는 책읽기로 단단히 다져진 아이들은 스스로 생각의 날개를 달고 세상을 향해 힘차게 나는 법을 터득할 거라고 믿습니다. 그게 바로 제가 아이들에게 책을 읽어야 한다고 말하는 이유이며, 엄마들에게 생각하는 책읽기를 해야 한다고 말하는 이유입니다.

잠자리 동화에
익숙해진 아이들

TV 드라마를 보면 아이와 함께 침대에 누워 행복한 표정으로 책을 읽어주는 엄마 아빠의 모습이 자주 보입니다. 참으로 행복해 보이는 풍경이지요. 하지만 저는 그런 장면을 볼 때마다 마치 잠자리 동화가 바른 책읽기의 정석처럼 받아들여지는 것 같아서 사실은 참 못마땅합니다. '20분도 채 못 읽고 잠이 드는구나. 책이 자장가도 아닌데' 하는 생각과 함께 공중파 속의 이런 모습이 자연스럽게 일반적인 책읽기로 인식될까 안타깝고 걱정스럽습니다.

전문가들은 책읽기는 유아기 훨씬 이전부터 놀이처럼 수행되어야 한다고 말합니다. 하지만 잠자리 동화에 익숙해진 아이들의 눈에는 틈날 때마다 장난감처럼 책을 들이대는 부모가 억척스럽게 비춰질 것이고, 놀이로서의 책읽기는 이제 먼 나라 이야기가 되고 말 것입니다. 또한 졸음이 와서 눈꺼풀이 반쯤 감긴 아이를 상대로 무슨 생각을 어떻게 하라고 할 수 있을까요?

마찬가지로 하루를 마무리하며 얼른 잠을 재워야 한다는 목적의식을 가지고 책을 읽히는 부모에게는 아이의 엉뚱한 질문 역시 짜증스러워질 것입니다. 혹시 잠자리에서 책을 읽히는 부모들은 마음속으로 '빨리 자라, 빨리 자라'를 외치며 사정하고 있는 것은 아닐까요? 기억하세요. 아이들이 책을 읽으며 자유롭고 적극적으로 생각하게 하기 위해서는 아이들의 눈과 정신이 가장 반짝거릴 때 책을 읽어야 합니다.

"책 좀 읽어라" 대신 "함께 책 읽자" :)

참 기특하게도 요즘 아이들은 6, 7세가 되면 대부분 한글을 읽습니다. 그런데 이렇게 아이 혼자 글을 읽게 되면 엄마는 '아이의 읽기 독립'이라는 비밀 병기를 앞세워 그나마 진행했던 책읽기마저도 멈춰버리는 것이 현실입니다.

"혼자 글자를 읽을 수 있는데 꼭 읽어주어야 해요? 스스로 읽는 것이 더 좋지 않나요?"

교습소에 찾아오는 엄마들 대부분이 묻는 말입니다. 엄마들은 엄마의 행복한 의무를 서둘러 내려놓으려 해요. 마음 한켠에서 무거운 짐처럼 여겨졌던 책 읽어주기로부터 어서 해방되기를 바라는 마음이 절실히 느껴지는 대목입니다.

유치부를 지나 어느덧 아이가 초등학생이 되면 이제는 유아기 때 읽어주었던 잠자리 동화마저도 잊은 지 오래입니다. 이제 하루에 한 권 책을 읽어준다는 부모도 찾기 힘들어요. 그리고 아이의 귀에 못이 박히도록 "책 좀 읽어라"를 목이 쉬어라 외치지요. 우리 아이들에게는 아직도 "책 좀 읽어라" 대신 "함께 책 읽자"는 말이 필요한데 말이에요.

글자를 아는 아이에게도 책을 읽어주어야 하는 이유는 무엇일까요? 많은 엄마가 오해하는 것이 있는데, 글자를 아는 아이라도 초등 저학년까지는 아직 '글자'만 읽기에도 벅차다는 사실입니다. 글자의 모양을 인지하기에도 벅찬 아이에게 글의 의미까지 읽는 습관을 들이라고 말하는 것은 이 시기의 아이들에게는 그야말로 억지라고 할 수 있어요.

처음에는 힘들지만 글읽기에 익숙해지면 그 의미까지 생각하며 읽지 않겠냐고 말하는 엄마도 있습니다. 하지만 대부분 처음부터 쉽게 일을 처리하는 데 익숙해지면 나중에는 더 힘들고 귀찮은 일은 하고 싶어 하지 않게 됩니다. 아이들도 마찬가지예요. 글자의 모양만 읽으면 쉬운데 따져가며 깊이 이해해야 할 필요성을 느끼지 못하게 되지요.

초보 운전자에게는 전후좌우를 살피고 넓은 시야를 가지라고 주문

해봤자 실천하기 어렵듯이 이제 막 글자를 읽기 시작한 아이들에게 책의 글자를 하나하나 짚어 읽으면서 그 의미까지 파악하라고 하는 것은 당연히 과한 욕심입니다. 이것이 바로 아이에게 생각하는 책읽기 습관이 생길 때까지 능숙한 안내자가 필요한 이유입니다.

아이의 읽기 독립은 절대 서둘러서는 안 됩니다. 실제로 언제까지 책을 읽어주어야 하느냐고 묻는 엄마들이 많은데, 앞에서도 말했지만 아이가 '생각하는 책읽기' 습관이 들 때까지는 책을 읽어주어야 해요. 제 경우에는 큰아이가 4, 5학년이 되었을 때까지도 책의 첫 단원을 함께 읽으며 책의 맛을 보거나 전체 목차를 읽으며 책의 흐름에 대해 이야기를 나누었어요. 지금도 딱딱한 신문기사 읽기를 싫어하는 둘째 아이를 위해 함께 신문을 읽고 있답니다. 읽기 독립은 아이들의 개인차를 인정한다면 억지로 언제까지라고 단언해버릴 문제는 아니라고 생각합니다.

MORE **TIP**

한글, 일찍 가르치는 것이 좋을까?

한글 역시 너무 일찍부터 가르치는 것은 좋지 않다고 생각해요. 급히 먹는 밥이 체하듯 읽기만을 강조한 이른 한글 떼기는 아이들의 끝없는 상상력을 방해하는 어리석은 짓입니다. 저도 저희 아이들이 유아기 때는 일부러 한글을 가르치지 않았어요. 유아들이 혼자 책을 읽는 일이 '생각하는 책읽기'와는 거리가 멀다고 생각했기 때문입니다.

놀이처럼 즐거운 책읽기 방법

아이들에게 책을 읽어주는 엄마들의 모습을 보면 갓 입사한 신입 아나운서의 모습이 떠오릅니다. 사실적으로 잘 전달하기 위해 어떠한 감정도 싣지 않고 또박또박 읽어 내려가는 얼굴에서는 아이와의 소통도, 책 읽는 즐거움도 찾아볼 수 없지요. 책 읽는 중간에 아이가 끼어들어 질문이라도 하려고 하면 잔뜩 무게감을 실어 "끝까지 듣고 말해. 이렇게 읽다가 언제 책 한 권을 다 읽겠니?" 하고 버럭 소리를 지릅니다. 이런 식의 일방적인 책 읽어주기에서는 엄마와 아이와의 소통은 기대하기 어렵습니다.

더구나 엄마는 열심히 책을 읽고 있는데 아이가 딴짓이라도 한다면 잔소리를 시작으로 해서 책읽기는 그 목적에서 벗어나 정 반대 방향으로 달려가고 맙니다.

"엄마는 목 아프게 읽어주는데 넌 태도가 그게 뭐니?"

"꼼짝 하지 말고 열심히 듣기만 하면 안 되니?"

"그 질문은 정말 엉뚱하지 않니? 그런 질문 말고 다른 거 해봐."

책 한 권을 다 읽고 나면 잘 듣고 있었는지 테스트하는 엄마들도 있어요. "주인공이 어떻게 되었지?" 등의 단답형 질문으로 아이들에게 '책읽기=테스트' 라는 공식을 만들어줍니다. 이렇듯 많은 가정에서 엄마와 아이 누구도 즐겁지 않은 모습으로 테스트를 위한 시험공부 같은 책읽기를 하고 있지요.

즐거운 책읽기는 어떻게 해야 할까요? 엄마도 아이도 즐거운 책읽기는 어떤 모습일까요? 저는 아이들과 책을 읽는 것이 즐거워서 책읽기 선생님이 되었습니다. 그래서 초기에는 제 수업을 '그림책이랑 놀자' 라는 이름으로 불렀어요. 책을 장난감처럼 여러 방법으로 가지고 놀아보자는 것이 그 이유였습니다.

그 후에는 놀이처럼 즐거운 책읽기를 통해 아이들에게 생각하는 방법까지 알려줄 수 있다면 그야말로 책이 주는 최고의 즐거움이 될 수 있을 거라고 생각했습니다. 지금까지도 그런 생각으로 수업을 계속해오고 있답니다. 그렇다면 '놀이처럼 즐거운 책읽기' 는 어떻게 하는 것일까요? 지금부터 그 방법을 알아보겠습니다.

아이와 이야기 나누듯 읽는 즐거운 책읽기는 어떻게 하는 것일까요?

우선 책읽기의 시작은 제목입니다. 제목부터 이야기하듯이 읽어야 해요. 저는 그림책을 읽을 때 제목에 더 힘을 주어 읽습니다. 그런데 대부분의 엄마들이 제목은 손가락으로 짚어가며 글자 공부하듯이 휙 읽고 지나가버립니다.

제목을 글자로만 봐서는 안 되요. 우리는 긴 여행을 떠나기 전에 일정을 계획합니다. 어디에 들러 무엇을 보고 무엇을 먹을 것인지를 계획하면서 마치 이미 여행을 떠난듯이 큰 설레임과 기대를 가지고 그 여행을 꿈꾸게 되지요.

제목을 읽을 때도 책이라는 긴 여행을 시작하기 전에 그 설레임을 느낄 수 있도록 충분히 생각하며 표지의 그림까지도 공을 들여 읽어야 합니다. 제목만큼 그 책에 대해서 아이들에게 흥미를 불러일으킬 수 있는 자극제는 없답니다. 제목과 표지 그림을 통해 세세하게 질문하다 보면 아이는 어느새 책의 내용이 궁금해질 거예요. 아이는 제목을 통해 책 속에서 펼쳐질 내용을 상상하고 추론할 수 있게 됩니다.

전래동화 중에 《주먹이》라는 책이 있습니다. 아이들은 제목에서부터 웃음이 터지고 내용이 궁금해지기 시작하지요. 제목을 듣고 쏟아낸 아이들의 이야기 중에 기억나는 것 몇 가지만 이야기해볼게요.

"왜 이름이 주먹이일까?"

"주먹이에게 어떤 일이 생겼을까?"

"주먹이는 어떻게 생겼을까?"

"이름이 촌스러워서 부끄럽겠다."

"주로 먹이가 되나 봐요."

그러면 저는 아이의 이야기에 다시 되묻지요.

"정말! 그럼 주먹이가 먹이가 되는 이야기가 나올까?"

"맞아, 우리도 이름 때문에 겪은 재밌는 경험들이 많이 있지? 한번 이야기해볼까?"

제목을 통해 이야기 나누기를 할 때는 꼭 그 동화에서 주고자 하는 메시지에 집착할 필요는 없습니다. 생각이 많이 펼쳐질수록 아이들은 동화에 더 집중하게 된답니다.

《세상에서 가장 유명한 미술관》이라는 책이 있어요. 제목만으로도 흥미를 끄는 이 책은 1년에 딱 한 번 '개들을 위한 밤' 이 열리는 미술관에서 벌어지는 상상력 넘치는 이야기를 다룬 책이랍니다.

평소 딱딱하게만 여겨졌던 미술관에서 마법 같은 일이 벌어지는 상상을 해본 적 있나요? 미술관에 전시된 그림 속의 개들이 그림 밖의 세상으로 나와 잔치를 벌입니다. 그런데 개들의 잔치가 끝나고 개들이 자기 그림이 아닌 다른 그림 속으로 들어가버리는 바람에 미술관은 왈칵 뒤집히지요. 하지만 그 덕분에 세상에서 가장 유명한 미술관이 되었다는 줄거리입니다. 사람들 몰래 미술관에서 신 나게 뛰어다니는 개들의 모습이 인상적인 책이지요. 더불어 런던 미술관에 전시된 명화들을 감상할 수 있는 보너스까지 주어져요.

이 책을 읽기 전에 아이들의 경험을 먼저 떠올리게 할 수도 있습니다.

"우리가 가본 미술관 중에서 기억에 남는 미술관은 어떤 미술관이 있을까?"

"이 미술관은 왜 유명해졌을까?"

"유명한 미술관들은 어떤 미술관일까?"

아이들은 상상하기 시작합니다.

"세상에서 제일 큰 미술관이요."

"세상에서 가장 작품이 많은 미술관이요."

"가장 오래된 그림이 있는 미술관이요."

"살아 있는 미술관이요."

아이들의 대답은 끝도 없이 술술 이어집니다. 한 마디 한 마디가 더해질수록 아이들의 말에는 상상력이 더해지지요. 이렇게 제목만으로도 아이들은 충분히 상상하고 적극적인 책읽기를 시작할 준비를 할 수 있답니다.

엄마 먼저 엉뚱한 생각 말하기 😊

즐거운 책읽기를 하는 두 번째 방법은 장면 속에서 인물이 하는 행동이나 느낌에 대해 서로의 생각을 교류하며 읽는 것입니다. 주인공이 문제를 해결하는 장면에서는 "우아! 어떻게 이런 생각을 해냈지? 대단하다" 하며 호들갑도 떨어주고, 아이에게 "너라면 이때 어떤 기분이 들었을 것 같아? 엄마는 이런 기분이 들었는데"라고 아이 생각도 물어줍니다.

이때 엄마는 바위처럼 입을 다물고 아이에게만 생각을 강요해서는 안 됩니다. 엄마가 일부러 엉뚱한 생각을 한번 말해보세요. 그러면 대부분의 아이들이 신이 나서 엄마에게 장단을 맞춰주려고 할 거예요.

저는 《무지개 물고기》라는 책을 읽고 난 후 아이에게 이렇게 질문했습니다.

"그런데 파란 꼬마 물고기는 정말 나쁜 물고기 아니니? 왜 남의 것을 달라고 할까?"

아이의 눈빛이 좀 당황스러워 보였습니다. 왜냐하면 《무지개 물고기》책을 끝까지 다 읽었지만 파란 꼬마 물고기의 행동에 대해 비판하는 내용은 어디에도 없었거든요. 그러니 아이에게 이런 저의 말은 참 어이없게 들렸을 거예요. 하지만 엄마의 다소 황당한 질문이 아이에게는 자신의 생각을 말할 용기가 되기도 한답니다. 살짝 망설이다 아이는 입을 열었어요.

"그런데 엄마, 파란 꼬마 물고기가 친구 물고기에게 무지개 물고기랑 놀지 말라고 흉본 것도 나쁜 거 아닐까?"

주인공을 도와줄 다른 방법은 없을까?

세 번째는 아이와 함께 주인공의 문제 해결을 도울 수 있는 새로운 방법을 의논해보는 것입니다. 책에 나오는 주인공보다 우리 아이가 훨씬 더 용감하고 생각이 깊은 아이라는 칭찬과 함께 아이를 부추겨주면서 주인공을 도와줄 방법을 찾아달라고 하는 거지요. 아이는 칭찬에 기분이 좋아져 으쓱하는 마음으로 주인공의 문제 해결을 도울 거예요. 이것이 바로 창의적으로 문제 해결 방법을 찾아내는 책읽기입니다. 이 방법은 책의 2장과 3장에서 더 자세히 설명하겠습니다.

《무지개 물고기》를 읽으며 아이에게 이런 질문을 한 적이 있어요.

"왜 무지개 물고기는 꼭 은비늘을 나누어주어야 할까? 끝까지 은비늘을 주지 않을 수도 있잖아."

그 말을 듣는 순간 아이의 얼굴은 '이 엄마, 왜 이래? 함께 나누어야
지. 안 그러면 욕심꾸러기지. 그것도 몰라' 하는 투로 저를 어이없이 바
라보더군요.

"은비늘을 나누어주지 않고도 친구랑 다시 친해질 수 있는 방법도
있을 것 같은데? 나누어주는 것만이 방법은 아닐 거야. 너는 네가 소중
하게 여기는 물건을 달라고 졸라대는 친구 때문에 속상했던 적 없었
니?"

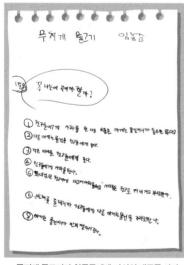

▲ 무지개 물고기가 친구들에게 자신의 태도를 사과하는 것이 더 좋은 방법이라고 생각했습니다.

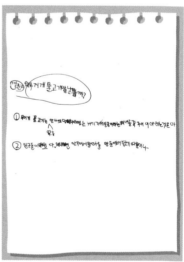

▲ 무지개 물고기를 왕따로 만든 친구들이 더 나쁘다는 생각에 많은 아이들이 공감했습니다.

"응, 나도 있었어. 내가 새로 산 장난감을 자꾸 달라고 조르는 친구 때문에 나도 좀 속상했어. 장난감을 주지 않아서 그 친구가 나하고 안 놀아줄까 봐 좀 걱정도 됐고."

"무지개 물고기가 은비늘을 나눠주는 방법 말고 친구랑 친해질 수 있는 다른 방법은 없을까? 문어 할머니 대신 우리가 무지개 물고기를 도와줄 다른 방법을 생각해보면 어떨까?"

이런 과정을 거쳐 아이들은 주인공과는 다른 방법으로 문제를 해결하기 위한 창의적인 생각을 하게 된답니다.

즐거운 책읽기를 방해하는 것들

즐거운 책읽기를 위해 절대 해서는 안 되는 일들도 있어요. 우선 책의 줄거리를 확인하는 질문을 해서는 안 됩니다. 하지만 아이가 책의 내용을 잘 듣고 이해했는지 의심하는 엄마는 아이에게 책의 내용에 대해 질문하고 싶어집니다.

"무지개 물고기는 왜 외톨이가 되었니?"

"외톨이가 된 무지개 물고기는 누구를 찾아갔니?"

"무지개 물고기는 어떻게 다시 친구가 많아졌지?"

이렇게 단답형의 답을 요구하는 질문은 아이의 생각을 고정시키고 책 안에 가두어버릴 뿐입니다. 특히 위험한 것은 아이에게 "책은 줄거리를 알기 위해서 읽는 것이구나"라는 위험한 결론을 내리게 할 수 있다는 사실입니다.

이렇게 엄마와 함께 단답형 답을 찾기 위한 책읽기를 해온 아이는 혼자서 책을 읽을 때도 줄거리만 알면 책을 다 읽은 것이라고 착각하게 되고, 수박 겉핥기식 책읽기에 습관을 들일 것이 뻔합니다. 명심하세요. 책은 아이와 함께 생각을 나누기 위해 읽는다는 사실을요.

즐거운 책읽기는 단 한 번의 시도로 완성되지 않습니다. 오랫동안 아이가 어색해하고 입을 다물고 있을 수도 있어요. 이때 엄마가 할 일은 책을 읽으면서 느낀 엄마의 생각과 느낌을 말해주며 기다리는 것입니다. 아이의 입이 열릴 때까지 말이에요. '성공'의 반대는 '실패'가 아니라 '포기'라는 것을 매일매일 되새기면서 말입니다.

엄마가 포기하지 않고 몇 달 동안을 알아듣지도 못하는 갓난아기에게 "내가 엄마야"라고 말해주었을 때 비로소 아기가 옹알이를 하는 것처럼 엄마는 아이 입이 떨어질 때까지 기다려주어야 합니다. 따뜻한 시선으로 입과 귀를 열고 아이를 기다려주세요. 오늘 아이가 말하지 않았다고 해도 내일은 또 다를 겁니다. 우리 아이가 다른 집 아이처럼 말수가 많지 않을 수도 있어요.

"너 대답 안 하면 엄마 책 그만 읽을 거야."

엄마의 차갑고 무서운 엄포는 아이의 굳게 다문 입을 영원히 열지 못합니다. 아이는 더욱 주눅이 들고 긴장감만 느끼게 되며, 책읽기의 즐거움은 영원히 사라지게 됩니다. 지나가는 나그네의 두꺼운 옷을 벗긴 것은 차가운 바람이 아니라 따뜻한 햇빛이 아니었던가요?

MORE **TIP**

생각하는 아이로 키우는 책읽기!
1. 제목으로 내용 유추하기.
2. 책을 읽기 전에 경험을 떠올리기.
3. 장면 속 인물의 생각과 느낌에 대해 의견 나누기.
4. 주인공의 문제 해결 돕기.
5. 아이의 입이 열릴 때까지 기다리기.

아이들이 생각하는 '바른 책읽기'

일반적으로 어른들이 생각하는 바른 책읽기는 제자리에 앉아 책의 내용에 집중하고 책이 전하는 주제를 잘 이해하는 것입니다. 그런데 아이들이 생각하는 '바른 책읽기'는 어떤 모습일까요? 아이들의 이야기를 함께 들어보아요.

바른 책 읽기 설명서

1. 딴짓하면서 책을 읽지 않는다.
   이유 : 딴짓하면서 책을 읽으면 그 책의 내용을 다 까먹는다. (손장난을 하면서 그러지를 때문서)
2. 아무도 없는 조용한 방에서 책을 읽어야 한다.
   이유 : 가족들이 있고 시끄러운 방이면 읽는 내용이 시끄럽게 떠드는 가족과 섞이기 때문이야.

3. 그림도 읽으며 내용을 상상하면서 읽는다.
   이유 : 그렇게 하면 책을 읽는 재미가 있기 때문이다.

그림과 함께 읽는 책읽기는 특히 우뇌형 아이들이 좋아하는 책읽기 방법입니다(초등 2학년).

바른 책 읽기 설명서

1. 내용, 그 장면을 상상하며 읽기

   설명 (내용 또는 그 장면을 상상하여 읽으면, 이해하기 쉽다. 그 장면이 상상되며, 기억하기도 쉽다.

2. 어려운 단어 찾기

   설명 (어려운 단어를 찾아 알아두면 다음에 읽을책에 나오면 이해하기 편리하다

3. 배운 점, 생각, 느낌, 또는 다짐 찾기
   배운 점, 생각, 느낌을 찾아보면, 똑똑해진다. 뇌의 정리가 제대로 되어 좋아.

머릿속으로 장면을 상상하며 읽는 것도 적극적인 책읽기 방법입니다(초등 2학년).

제목 : 바른 책읽기 설명서

1. 여자가 커리터 일때는 여자 목소리로, 남자가
커리터 일때는 남자 목소리로 얘기하면 재미 있어.
예를 들어서 애기 말때는 커엽고 깜찍하게, 남자 어른을
대때는 거친 목소리로 읽어봐도 좋아.

2. 수학책은 결과가 확실하지 읽을수도 있어. 그러니까
우리가 직접 계산해 보면 우리가 수학을 점점더 많이
알수 있어서 우리도 모르게 똑똑해질수 있어.

3. 중요한 문장은 줄을 그어가며 읽는것도 좋아. 그러
면 나중에 중요한 부분이나 그 내용이 필요할때 그 책을
보고 사용할수 있어.

마음에 새기고 싶은 문장이나 장면, 활용하고 싶은 문장들을 찾아보는 것도 아이들에게 필요한 책읽기 방법입니다(초등 2학년).

내가 읽은 책의 내용을 다른 사람들에게 이야기 해보는 것도 좋은 책읽기 방법입니다(초등 2학년).

바른 책 읽기 설명서

1. 책을 읽을때 똑똑해지는 법
내용을 이해 시킨다.
친구들에게 내가 읽은 책을 설명하거나 부모님에게
말한다.
그리고 그냥 대충 읽지 않고 큰소리로 부모님 앞에서
읽는다.
그리고 만약 학교나 집에 부모님이 없을땐
속으로 읽거나만 꼭 내 머리속에 이해를 시키면서
읽기

빨리 대충 읽기보다는 천천히 제대로 이해하며 읽는 것이 바른 책읽기입니다(초등 2학년).

바른 책읽기 설명서

1. 그 한문장을 이해하려고 하고, 이해를 하기
어려우면 이해가 잘 될때까지 읽는다. 그냥
대충 무슨 뜻 인지도 모르는데 빨리 대충 읽으
면 책을 않읽은 거랑 마찬 가지다.

2. 천천히 차근차근 읽는다. 천천히 읽
지 않고 빨리 읽으려고 하고 무슨
뜻인지도 모르고 그냥 책을 넘기면
줄거리만 대충 알고 그 책에 대한 생각은
하나도 없다.

"우리 아이는 글밥이 많은 책은 안 읽으려고 해요. 또래 아이들보다 늦는 것 같아서 걱정이에요. 학교 필독도서도 어려워해요."

"다른 아이들은 정말 이 필독도서를 쉽게 읽나요? 우리 애만 어려워하는 것 같아요."

교습소에 찾아오는 학부모 대부분이 늘어놓는 걱정입니다. 사실 아이들의 책읽기에 만족하는 엄마는 거의 없어요. 이런 엄마들의 걱정에 제가 하는 대답은 거의 똑같습니다.

"글밥의 양이 문제가 아니지요. 밥을 많이 먹는다고 몸에 좋을까요? 나에게 적당한 영양소와 넘치지 않는 밥이 소화도 잘 되고 몸에 좋지 않나요? 글밥이 적더라도 내 수준에 맞는 쉬운 책을 제대로 읽는 것이 아이들을 더 성장하게 해요."

　교습소를 운영하면서 다양한 형태의 독서 습관을 볼 수 있었습니다. 제가 본 나쁜 독서 습관의 첫 번째는 바로 책의 선택에 있었어요. 엄마들이 길게 입히겠다는 욕심에 또는 엄마의 눈에 예쁘다는 이유로 몸에 맞지도 않는 옷을 아이에게 억지로 입히듯이 책을 선택할 때도 유행하는 책이라서 또는 엄마의 눈에 좋아 보인다는 이유로 아이의 수준에 맞지도 않는 책을 선택해 아이의 사고를 끼워맞추는 경우를 보게 됩니다. 책을 선택할 때 가장 중요한 것이 바로 아이의 수준에 맞는 책을 선택하는 일인데 말이에요.

　또 하나 걱정스러운 부분이 있습니다. 바로 학교에서 정해주는 필독도서들인데요. 필독도서 목록을 보다 보면 아이들의 평균적인 책읽기 수준을 알고 정한 것일까 하는 의구심이 듭니다. 우리 아이의 키나 몸무게 등 신체 사이즈도 모르고 옷을 사 와서는 꼭 입어야 한다고 강요하는 엄마의 모습이 떠오르기도 해요.

　실제로 학교에서 하는 독서 골든벨 행사 때가 되면 아이들과 엄마들은 걱정이 한가득입니다. 재미도 없고 어렵기만 한 필독도서를 왜 읽어야 하냐며 가뜩이나 책 읽을 시간조차 없는 아이들이 제 수준보다 훨씬 높은 책을 들고 헐떡이며 읽는 모습은 안쓰럽기조차 하답니다. 실제와 원칙이 정말 다르다는 것을 실감할 수 있지요.

제가 교습소에서 수업하는 책은 대부분이 쉬운 그림책입니다. 누가 봐도 유치원 수준이라고밖에 생각 안 되는 책들이지요. 저는 초등 저학년까지는 그림책을 보면서 쉽고 즐거운 책읽기를 해야 한다고 생각합니다. 자신의 수준보다 쉬운 책을 읽을 때 아이들은 비로소 책이 주는 의미를 깊이 생각할 수 있어요. 단순히 문자 하나하나의 뜻이 아니라 문자들이 조합을 이루어 만들어내는 문장과 단락의 깊은 의미를 말이에요.

책을 읽으면서 그 속의 주인공이 되어보고, 장면 장면에서 "왜 그럴까?"를 떠올릴 수 있는 여유는 쉬운 책을 읽을 때에야 비로소 가능합니다. 자신의 수준보다 훨씬 높은 책을 읽으면서 어떻게 여유롭게 깊은 생각을 할 수 있겠어요? 그저 눈앞에 보이는 문자들을 따라가기에 급급하지 않을까요?

문자만 대충대충 읽고 다 읽었다고 말하는 아이들 대부분이 바로 이런 책읽기, 다시 말해 문자 읽기를 한 친구들입니다. 수준에 맞지 않는 책읽기는 결국 아이들의 생각하기를 방해하고 맙니다.

책읽기의 목적은 문자만을 줄줄 읽어 만드는 줄거리 읽기가 아니라 책 속에서 자신만의 비판적인 사고와 문제 해결 방법을 찾아내는 것입니다. 내용을 이해하기도 어려운 책들 속에서 허우적거리며 그저 겉만 읽기를 강요당한 아이들에게 "너는 어떻게 생각하니?"를 묻는다면 아이들은 당연히 "몰라요" 또는 "그냥요"라는 대답밖에 할 수 없겠지요.

저는 경험을 통해 쉬운 그림책을 읽으며 이야기할 때 아이들이 깊고 넓게 생각할 수 있음을 알았습니다. 꼭 기억하세요. 아이들 스스로 '우려내기'를 진심으로 할 수 있는 책은 아이들의 수준보다 쉬운 '만만한' 책이랍니다.

MORE **TIP**

쉬운 그림책? 진지한 그림책!

쉬운 그림책이라고 우습게 봐서는 안 됩니다. 재미와 상상을 넘어 진지한 사회
문제를 소재로 한 그림책들도 많아요. 딱딱한 사회 문제를 그림책으로 처음 접
한다면 아이들만의 기발함으로 그 문제를 바라보고 해결할 수도 있을 거예요.

멸종 동물의 문제를 다룬
《야, 우리 기차에서 내려》

이혼가정의 문제를 다룬
《따로 따로 행복하게》

맞벌이 가정과 양성 평등을 소재로 한
《돼지책》

장애인 편견을 다룬
《깃털 없는 기러기 보르카》

지식이 녹아 있는 책의 선택

"초등학교에 들어가기 전에 꼭 읽어야 할 책은 뭘까요?"

아이가 초등학교 입학을 앞둔 7세쯤이 되면 엄마들은 취학 전 꼭 읽혀야 하는 책이 무엇인지 물어옵니다. 이때 제가 추천하는 분야가 바로 자연관찰입니다. 저는 취학 전에 아이에게 꼭 자연관찰을 읽히라고 말합니다. 그런데 자연관찰책 대부분이 딱딱한 내용의 도감류 전집들이에요. 그래서 몇몇 관심 있는 남자아이들을 제외하면 많은 아이들이 두세 권 읽고 나서 '자연관찰이란 정말 지루하다'는 선입견만 머릿속에 담고 책읽기를 포기하는 경우가 많습니다.

특히 여자아이들의 경우 엄마가 읽어주지 않으면 스스로 선택해 읽는 경우가 드뭅니다. 자연관찰류의 책에는 창작 이야기처럼 예쁜 주인공도 나오지 않고 흥미를 끌 만한 스토리도 없기 때문에 여자아이들의 경우 자연관찰책은 그저 전시용 책이 되어버리고 말지요.

그럼에도 불구하고 저는 아이들이 창의적이고 논리적으로 생각하기를 원한다면 적극적으로 자연관찰책을 읽혀야 한다고 말합니다. 자연의 세계에 '그냥'이라는 단어는 없습니다. 아이들이 말하는 것을 가만히 들어보면 "그냥요"라고 대답하는 아이들이 많은데, 자연의 이치를 알게 한다면 함부로 "그냥요"라는 대답은 하지 못할 거예요.

개미가 살아가는 방법, 꿀벌이 살아가는 방법, 우리가 흔히 보는 곤충의 생활 속에도 원리가 있습니다. 작은 곤충 하나에도 살아가는 원리가 있고, 그것을 관찰하면 할수록 '그냥'이라는 말보다는 '자연의 법칙'을 이해하게 될 거라고 생각합니다.

그런 자연의 법칙을 이용해 지금의 과학기술이 발전했음은 두말할 필요도 없습니다. 요즘 최신 폰에 사용하는 네트워크 기술인 WARP도 머리 나쁘기로 소문난 새의 군집이론을 모방하여 만들어졌다고 해요. 그것만 보아도 아이들에게 자연관찰책은 관찰력과 논리적인 창의력을 함께 얻을 수 있는 중요한 수단임에 틀림이 없습니다.

　책읽기를 싫어하는 것은 아닌데 자연관찰은 재미없다는 편견 때문에 생활동화나 창작동화만 읽는 아이를 둔 엄마들의 고민도 많습니다.

　"우리 아이는 만날 스토리가 있는 동화책만 봐요."

　"큰아이는 주는 책마다 다 좋아했는데 둘째는 왜 창작 책만 보려고 할까요?"

　"배경지식이 없는 아이들은 학원에라도 보내 주입식으로라도 지식을 가르쳐야 하나요?"

　아이가 창작만 원한다고 언제까지나 창작만 보게 할 수는 없는 노릇이지요. 저는 초등 3학년 정도 아이들에게는 배경지식을 쌓을 수 있는 독서가 필요하다고 생각합니다. 폭넓은 책읽기는 아이의 교과 수업에도 많은 도움을 줄 수 있어요.

　하지만 이때도 학원의 선행 학습처럼 우리 아이 책읽기에도 너무 앞선 선행을 하고 있지는 않은지 돌아보아야 합니다. 선행을 하며 생기는 수박 겉핥기식의 학습이 아이에게 전혀 도움이 안 되는 것처럼 책읽기 선행도 글자만 읽는 것이지 그 의미를 새기며 읽는 것은 아니기 때문입니다.

　많은 아이들이 드러내놓고 지식을 자랑하는 책보다는 스토리에 지식을 녹여낸 책을 더 좋아합니다. 극소수에 해당하는 상위 몇 프로에 우리 아이를 끼워 맞추기보다는 아이가 즐겁게 읽을 수 있는 책을 선택해 책읽기의 즐거움을 알려주는 것이 초등 저학년 아이들에게 책읽기를 격려하는 방법입니다.

엄마는 아이에게 배경지식이 되는 책을 읽히고 싶은데 아이는 거부한다면 배경지식을 스토리에 잘 녹여낸 단행본을 찾아보는 방법도 있어요. 아이의 흥미와 시기에 맞는 책을 고르기 어렵다는 이유로 전집을 선호하는 엄마들이 많은데, 시중에 나와 있는 단행본 중에서 잘 찾아보면 엄마도 만족하고 아이도 즐거워할 만한 책들이 의외로 많답니다. 지식에 억지로 스토리를 끼워 맞춘 전집류보다는 스토리에 자연스레 지식을 녹여내어 한 권 한 권 작가의 개성이 잘 드러난 단행본을 선택하는 노력을 한다면 아이도 자연스럽게 지식을 쌓는 책읽기를 할 수 있게 될 거예요.

MORE **TIP**

전집과 단행본

전집으로 한꺼번에 책을 들여놓으면 단번에 60~70권의 책이 책장에 꽂힙니다. 뿌듯한 엄마의 마음과는 달리 아이의 마음은 책의 무게만큼 무거워지지요. 하지만 수많은 단행본들을 일일이 검색해가며 아이의 수준과 흥미에 맞는 책을 시기적절하게 선택하기는 정말 힘듭니다. 그래서 엄마들은 손쉬운 전집에 쉽게 현혹되고 결국 구매하게 되는 것이지요.

유치부나 초등 저학년 때는 글밥의 양이 많지 않고 그나마 책을 읽을 수 있는 시간이 있어서 단행본을 사주기가 무섭게 다 읽어버리니 전집이 필요할 수도 있어요. 또 전집은 비슷한 수준에 맞춘 책을 다양하게 많이 읽히고 싶은 엄마의 욕구를 만족시킬 수도 있지요.

하지만 초등 중학년 시절까지 전집을 돌일 필요는 없습니다. 이 시기가 되면 아이들의 독서시간이 점점 줄어들 수밖에 없으며, 아이가 관심 있는 분야에 대해서 주제별 독서를 하기 때문에 단행본으로 깊이 심화시켜줄 필요가 있습니다. 한 가지 주제에 대한 확장과 심화 학습을 할 수 있도록 아이와 엄마가 함께 단행본을 한 권 한 권 선택해서 읽는다면 아이의 배경지식은 유기적으로 잘 연결된 그물을 가질 수 있답니다.

간단히 말하면 전집은 아이의 수준에 맞는 수평적 책읽기를 돕는다면, 단행본은 아이의 관심도에 따른 수직적인 책읽기를 돕는 거지요. 아이들에게는 수평적 책읽기와 수직적 책읽기를 함께하는 균형 잡힌 책읽기 습관이 필요합니다.

지식이 녹아 있는 이야기 그림책

창덕궁

아이들에게 우리 문화에 대해 소개하는 《아이빛 문화 그림책 시리즈》 1권으로 조선시대 5대 궁궐 중 하나이며 유네스코 세계문화유산으로 선정된 창덕궁의 곳곳을 소개하고 있습니다. 사진 위에 그림을 그려 실제로 가 보지 않은 아이들이라도 현장감 있게 창덕궁을 느낄 수 있도록 이끌어 줍니다. 임금님이 살던 궁궐인 창덕궁의 주요 건물을 중심으로 어떤 사 람들이 무슨 일을 하며 살았는지에 대해 아이들에게 직접 이야기해주 듯이 쉽게 풀어냈습니다. 특히 뒷부분의 '한 걸음 더' 에서는 창덕궁에 대한 전문적이고 세부적인 지식까지 담고 있어요. 책을 다 읽은 후에는 창덕궁 나들이를 계획해보면 어떨까요?

나의 영원한 세 친구

우리 몸속 기관인 뇌, 심장, 위를 머리 교수님과 사 랑마음 아줌마, 뚱보배 아저씨라는 캐릭터로 의인화시켜 각각의 기관들이 하는 일을 동화로 풀어냈습니다. 인체에 대한 지식을 창작의 재미로 접할 수 있는 최고의 책이랍니다.

그럼 오리너구리 자라는 어디지?

동물학교에 전학 온 오리너구리라는 신기한 동물 이야기예요. 포유류에도 조류에도 속하지 못하고 외톨이가 된 오리너구리와 친구들이 함께할 수 있는 방법을 찾아낸 동물학교 선생님의 지혜로운 문제 해결이 돋보이는 책입니다.

지렁이 굴에 들어간 브루노에게 무슨 일이 생겼을까?

몸이 작아진 곰인형 브루노가 지렁이 굴 속에서 겪는 이야기를 통해 지렁이에 대해 알려주는 책입니다. 작가는 지렁이가 '자연의 쟁기' 노릇을 얼마나 톡톡히 잘해내는지 이야기를 통해 보여주고 있어요. 아이들의 시각을 헤아려 앞뒤 면지를 이용해 이야기와 지식을 엮어 쓴 작가의 세심한 배려도 이 책을 빛나게 하는 매력이랍니다.

피는 부지런해

생명을 지켜주는 피! 온몸 구석구석을 돌아다니며 산소와 이산화탄소를 바꿔주는 적혈구, 세균과 싸우는 백혈구와 피가 날 때 멎게 해주는 혈소판 등 우리 몸속의 피가 어떤 일을 하는지 알려주는 책입니다. 만화처럼 쉽고 재밌는 그림이지만 중학교 생물책에서나 볼 수 있는 제대로 된 과학지식을 담고 있어 꼼꼼히 챙겨 보기를 권합니다.

고구려 나들이

고구려 사람들의 생활 모습과 문화를 가장 잘 엿볼 수 있는 것은 고분벽화예요. 고구려 고분 여행을 하면서 벽화에 남아 있는 흔적을 바탕으로 고구려 문화와 함께 고구려 사람들이 어떤 삶을 살았고 어떤 생각과 믿음을 지녔는지를 재미있게 보여주고 있습니다.

열두 띠 이야기

열두 띠가 생겨난 유래를 재창작한 신화입니다. 부지런함, 용맹함, 그리고 참고 견디는 성격 등 열두 띠 동물의 성격은 바로 사람들이 살아가면서 필요한 열두 가지라고 할 수 있어요. 책에서는 우리 민족이 생각한 열두 띠 동물의 성격을 그림으로 의미 있게 표현했습니다. 부지런한 쥐는 주판, 옳고 그름을 따지는 토끼는 저울, 물을 다스리는 용은 여의주 등 동물들은 자신을 대표하는 성격에 따라 다른 물건을 가지고 있어요. 이 책을 통해 아이와 함께 물건의 의미를 추측해보세요.

2장

사고력이 쑥쑥,
책 속에서 생각 찾기

《좋은 꼬맹이 고르기》라는 책이 있습니다. 배빗 콜 작가의 이 책은 만
화스러운 그림에 기발함과 위트가 넘치는 상상력이 더해져 전혀 따분
하지 않게 정보를 전달해주는 마법 같은 책이랍니다. 낯선 정보를 주는
책이라면 눈길조차 주지 않는 아이라도 눈이 반짝거릴 만큼 재미도 있
어요. 수업 중에 이 책을 읽을 때면 백이면 백 아이들의 엉덩이는 들썩
들썩, 목소리는 한층 흥분되어 있답니다. 저 역시 이 책을 보고 있노라
면 대한민국의 모든 교과서가 이 작가의 책처럼 재미있게 쓰여 있다면
얼마나 좋을까 하는 욕심이 생기기도 합니다.

《좋은 꼬맹이 고르기》는 아이들에게 우리 몸의 구조와 기관의 기능
에 대해 작가만의 아이디어로 설명한 책입니다. 자칫 어렵고 따분할 수

있는 내용이지만, 작가는 한번 책을 펼쳐본 아이라면 눈을 뗄 수 없을 만큼 매력적인 아이디어로 지식을 포장했습니다. 책은 아주 단순한 비교의 방법으로 쓰여졌지만 꼼꼼히 살펴보면 그렇게 단순한 내용은 아님을 알 수 있어요. 꼬맹이를 좋은 꼬맹이와 나쁜 꼬맹이로 나누어 좋은 꼬맹이 편에는 배경지식을, 나쁜 꼬맹이 편에는 상상력을 동원해 글이 짜여져 있거든요.

그런데 이런 종류의 책을 읽어줄 때 배경지식에만 지나치게 관심을 가져 정답만을 알려주는 책읽기는 피해야 합니다. 배경지식이 가득 들어 있는 책이라고 해서 책의 재미를 무시한 채 엄마의 욕심대로만 책을 읽힌다면 당연히 아이는 다시는 그 책을 집어들려 하지 않을 것입니다. 이런 점을 걱정한 작가가 부모의 욕심을 방해하기 위한 수단으로 나쁜 꼬맹이 편에 상상력이 가득한 표현들을 구성한 것은 아닐까요?

좋은 꼬맹이와 좋은 엄마 고르기 :)

저는 먼저 아이들과 함께 '좋은 꼬맹이로 키우는 방법'에 대해 이야기를 해보았어요. 아이들이 평소에 엄마로부터 어떤 잔소리를 들었는지 알 수 있었습니다.

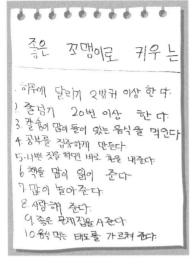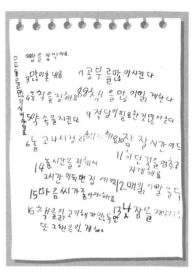

▲ 엄마들이 하는 잔소리가 아이들을 '좋은 꼬맹이로 키우기 위한 방법'이라는 것을 아이들도 알고 있을까요?

이 책을 통해 아이들의 상상력을 자극해 아이의 마음을 들여다볼 수 있는 질문도 해보았습니다.

"우리도 이 작가처럼 글을 써보면 어떨까? 그런데 우린 '꼬맹이'에 대해 생각해보는 대신 '어른'에 대해 생각해보면 어떨까?"

'좋은 엄마 고르기'나 '좋은 어르신 고르기'라는 주제를 가지고 글을 쓰게 되면 아이들이 어른들에게 바라는 것이 무엇인지 알 수 있을 거라는 생각이었습니다. '인체'라는 배경지식을 빼고 아이들 입장에서 바라보는 '좋은 엄마'란 어떤 엄마일까요? 책이 어른 입장에서 바라보는 좋은 아이들을 예시하는 쪽이라면, '좋은 엄마 고르기'라는 질문을 통해 아이들의 입장을 이야기할 수 있게 하는 것이지요.

"좋은 엄마의 행동에는 어떤 것들이 있을까?"

"좋은 엄마는 나에게 주로 어떤 말을 해줄까?"

대부분의 아이들은 엄마에 대해서 하고 싶은 이야기들이 넘쳐납니다. 아이들이 갑자기 웅성거리기 시작했습니다.

"어떻게 써요?"

"나한테 잘해주는 엄마라고 쓰면 되요?"

"칭찬을 잘하는 엄마라고 쓸게요."

굉장히 쉬운 질문 같지만 그것을 글로 쓰는 경우에는 또 달라질 수 있습니다. 아이들의 표정은 알쏭달쏭 헤매고 있었어요. 왜냐하면 일반적으로 '좋다' 라는 말을 만병통치약처럼 사용하는 아이들 입장에서는 엄마의 좋은 행동을 구체적으로 떠올리기가 힘들기 때문입니다. 아이들의 막연한 욕구를 구체적인 글로 표현하는 일은 어려울 수밖에 없습니다.

이때 저는 먼저 아이들의 경험에서 좋은 엄마의 행동이나 말을 구체적으로 떠올려 이야기 나누기를 해보았어요. 아이들과 이야기를 나누다 보면 점점 아이들이 가진 생각들이 굴비 엮듯이 그물을 만들어 줄줄 나오는 경우가 많거든요.

"엄마가 너에게 어떤 말을 해주었으면 좋겠니?"

"엄마가 어떤 말을 해주었을 때 행복하니?"

"엄마가 이렇게 해주었으면 좋겠다고 생각하는 행동은 뭐가 있을까?"

아이들이 막연해할 때는 다그치거나 밀어붙이기만 하지 말고 질문을 구체화시켜 주어야 합니다. 이미지를 떠올려서 자신의 경험을 찾아낼 수 있도록 말이에요.

아이들에게 좋은 엄마는 엄마들이 예상했던 내용도 있었지만, 역시 아이다운 대답도 있었습니다.

▲ 초등 저학년 아이들이 생각한 '좋은 엄마 고르기'에서는 화를 내지 않는 엄마가 최고였지만, 고학년 아이들은 간섭하지 않는 엄마를 '좋은 엄마'로 생각했어요.

만약 제가 아이들에게 이 책이 주는 인체의 지식에 대해 자신의 생각
을 말해보라고 했다면 아이들은 어떤 대답을 했을까요? 아마도 "지금
까지 몰랐던 인체에 대해 많이 알게 되었다. 또 보고 싶다"는 식의 상투
적인 대답이 대부분이었을 거예요. 아이들이 책을 읽고 자신만의 독특
한 생각을 꺼내게 하려면 지금껏 해왔던 줄거리 위주의 질문부터 달라
져야 합니다.

정답이 없이 경험 속에서 찾아낸 자신의 생각을 편안한 분위기에서
말할 수 있는 기회를 많이 가진 아이라면 '나만의 생각 찾기'도 서서히
자유로워질 것입니다. 어떤 질문을 하느냐에 따라 아이들은 입을 다물
기도 하고 서로 이야기가 하고 싶어 안달하기도 해요. 구태의연한 교훈
이나 지식을 요구하는 질문 대신 아이들의 눈높이에 맞춘, 아이들이 말
하고 싶어 하는 질문을 엄마도 함께 생각해야 하는 이유가 바로 여기에
있습니다.

아이들의 성향에 맞는 아이다운 질문에 대해서는 아이들도 "몰라요"
라고 말하기 전에 적극적으로 생각해보고 싶어 한답니다. 저는 좋은 질
문이란 아이들이 작가가 되어 그들의 생각과 경험을 녹여낸 이야기들
이 저절로 나올 수 있는 질문이라고 생각해요.

과학 시험을 보기 위한 책읽기가 아니라 아이들의 생각을 자극하기

위한 책읽기를 하고 싶다면 엄마들이 반드시 기억하고 실천해야 하는, 꼭 지켜야 할 원칙이라고 생각해도 좋습니다.

MORE **TIP**

아이들의 생각을 자극할 수 있는 '정답 없는 질문'은 이렇게!

어떻게	생각하니?
왜	그렇게 생각하니?
만약	작가라면 어떻게 하고 싶니? (주인공이라면)

넓은 생각 키우는
즐거운 책 놀이

책을 읽고 난 후 느낌을 적는 글을 '독후감'이라고 합니다. 학교에서는 대부분 '독서기록장'이라는 것을 만들어 책을 읽은 후 기록하는 것을 의무처럼 만들었지요. 하지만 아이들에게 독서기록장 쓰기는 썩 내키는 활동이 아닙니다. 이것은 30년 전 엄마의 경험을 돌이켜봐도 알 수 있어요.

저는 아이들에게 단순히 독후감을 쓰는 활동에서 벗어나 자유로운 독서 활동을 찾아주고 싶었습니다. 독서 후 즐거운 게임으로 생각하기를 자극한다면 아이들의 독서 활동도 훨씬 더 즐거워질 거라고 생각했어요.

제가 수업하는 책 가운데 게임으로 유도하기 좋은 책이 있습니다. 《나라마다 시간이 달라요》라는 책인데, 세계 여러 나라를 소개하며 나라마다 시간 차가 있음을 알려주는 내용입니다. 해외여행이 자유로워진 요즘은 유치부 아이들도 외국에 대한 관심이 높아서 나라마다 시간이 다르다는 것쯤은 많이들 알고 있는 사실입니다. 이 책으로 수업할 때 아이들의 반응도 비슷했어요.

"읽어본 책인데, 다른 거 읽어주세요."

"에이, 나라마다 시간이 다른 건 누가 몰라."

이런 때 아이들을 집중하게 하기 위해서는 아이들이 좋아할 만한 것을 하는 수밖에 없습니다.

"이 책을 읽고 게임을 하려고 하는데, 어떠니?"

"책을 읽고 어떻게 게임을 해요?"

"우리가 책을 읽는 이유가 뭐라고 했더라?"

"생각하기 위해서요."

"그렇지, 우리 이 책을 읽고는 무엇을 더 생각해볼까?"

"왜 나라마다 시간이 다른지 생각해요."

"우리나라랑 비슷한 시간인 나라는 어딘지 찾아봐요."

"나라마다 시간이 다른 것 말고 또 나라마다 다른 것은 무엇이 있을까?"

어떤 아이들은 이렇게 말하기도 해요.

"에이, 그건 책에 없는 내용인데요."

"맞아, 책에는 없는 내용이지. 그러니까 우리가 더 생각해보자는 거야."

아이들은 잘 떠오르지 않아 얼떨떨한 표정으로 앉아 있습니다.

"자, 지금부터 너희들이 나라마다 다른 것을 한 가지씩 생각해보는 거야. 단, 게임 규칙이 있는데 다른 친구가 말한 것은 내가 말할 수 없다는 거야. 그리고 왜 그것이 나라마다 다른 점인지 친구들에게 예를 들어서 설명하기까지 할 수 있어야 해."

제 말이 끝나고도 쉽게 손을 드는 친구들은 없습니다. 서로 눈치를 보는 시간이 10분쯤 흘렀을까요?

"선생님, 나라마다 국기가 달라요."

정답을 찾은 듯 씩씩한 대답에 다른 아이들도 용기가 생겼는지 하나둘 손을 들기 시작했어요.

"나라마다 돈이 달라요. 미국은 달러, 일본은 엔화를 사용해요."

나라마다 다른 점들이 점점 쌓여가자 아이들의 생각발전소가 더 신나게 돌아가는 것이 보입니다. 서로서로 대답을 하겠다고 손을 들고, 친구의 이야기에 반박을 하기도 해요.

"나라마다 책상이 달라요."

"아니야, 나라마다 책상이 다른 것은 틀려요. 그 나라 고유의 책상이 있는 것은 아니잖아요."

나라마다 전통 옷도 다르고 전통 음식도 달랐습니다. 또 국기와 말과 글도 달랐어요. 어떤 아이는 나라마다 집 모양이 다르다고 말했습니다. 그 이유는 날씨에 따라 수상 가옥도 있고 이글루 같은 집도 있기 때문이라고 했어요. 지금은 거의 모든 나라의 집들이 비슷한 모양을 하고 있지만 옛날에는 정말 다른 집 모양을 하고 있었지요.

20가지 정도를 발표하고 나자 아이들의 대답이 조금 줄어들었습니다.

"선생님, 이제 없어요."

"아무리 생각해도 생각이 안 나요."

게임을 그만하자는 의견도 나왔습니다. 하지만 저는 이제부터가 진짜 게임의 시작이라고 생각했어요. 지금까지는 준비 운동 정도였지요.

"지금까지는 남들도 쉽게 생각할 수 있는 부분이었어. 이제부터 남과 다른 나만의 독특한 눈이 필요해. 조금만 더 생각하면 다른 사람은 찾지 못한 점들이 보일 거야."

이런 게임을 해보면 아이들의 성향이 뚜렷이 드러납니다. 쉬운 것만 찾아내는 친구가 있는가 하면 반면에 남들이 "와!"라고 소리칠 만한 기발한 것을 찾기 위해 노력하는 친구도 있답니다. 저는 조금만 더 생각해보면 더 이상은 없을 것 같았던 생각들이 새록새록 떠오르게 된다는 것을 아이들에게 경험시키고 싶었어요.

"또 찾았다! 나라마다 예절이 달라요. 밥 먹을 때 말하는 것도 어떤 나라에서는 좋다고 하는데 우리나라에서는 밥 먹을 때 시끄럽다고 입 벌리고 말하지 못하게 했대요."

"나도 찾았어요. 나라마다 전통 놀이도 달라요."

초등 저학년까지는 책을 읽고 줄거리만을 되새기며 시험 공부하듯이 읽는 책읽기는 절대 필요 없는 방법입니다. 저는 아이들에게 책 안의 내용만을 생각하게 하는 것이 아니라 그 책이 동기가 되어 다른 분야까지 시야를 넓혀 깊고 넓게 생각하기를 경험하게 하고 싶습니다.

과학책은 **따져가며** 읽어라

흔히 TV를 '바보상자'라고 부릅니다. 그 이유는 시청자들은 일방적으로 TV가 해주는 이야기를 멍하니 듣고만 있게 되고, 결국 그 무기력함과 편안함에 어느새 길들어버리기 때문입니다. 그런데 문제는 TV만 그런 것이 아니라는 사실입니다.

"책 속에 길이 있다"는 선인들의 말씀은 책의 내용을 아무런 이해나 소통 없이 줄줄줄 읽기만 하는 것을 뜻하지는 않습니다. 이쯤은 초등학생들도 다 아는 이야기지요. 하지만 요즘 아이들의 책읽기를 가만히 들여다보면 책과의 상호작용 없이 일방적으로 받아들이기에만 익숙한 모습을 쉽게 발견할 수 있습니다. 이런 형태의 책읽기는 지식을 읽고 빠른 속도로 암기하게 만들고, 결국 발등에 떨어진 시험에만 짧게 도움을 주는 꼴이 되지요.

이렇게 일방적으로 책이 주는 지식과 정보만이 마치 단 하나의 정답인 것처럼 머릿속에 담아두기 위해 노력하는 것과 상호작용 없이 무차별적으로 TV만 바라보고 소통하지 않는 것이 무엇이 다르겠어요? 이런 상황에서 엄마는 무엇을 해야 할까요? 시험에만 유익한 짧은 지식의 수단으로 책을 대하는 것이 아니라 적극적으로 책의 정보와 지식을 파고들어 책과 소통하는 방법을 알려주는 안내자의 역할을 해야 합니다.

적극적으로 내용에 파고들어 소통해야 하는 대표적인 책이 바로 과학책입니다. 그런데 대부분의 아이들이 과학책도 창작책 읽듯이 술술 읽어버립니다. 저는 창작책 읽기에 익숙한 아이들에게 과학책을 읽는 방법은 달라야 한다고 자주 말합니다. 그러다 생각해낸 것이 바로 '따져가며 읽기' 예요.

"과학책을 읽을 때는 한 문장 한 문장 따져가며 읽어야 해요. 휴지 풀어내듯 막힘없이 술술술 이야기책처럼 읽어버리면 머릿속에 남는 것이 없어요."

제 이야기를 듣던 초등학교 1학년 아이가 말했습니다.

"선생님, 책은 나이가 많잖아요. 그런데 우리가 어떻게 따져요? 그럼 버릇없는 거잖아요."

순간 교실은 한바탕 웃음바다가 되었지요. 그 아이는 제가 말한 '따저가며 읽기'의 의미를 이해하지 못한 것은 아닐 거예요. 분명하게 이해했기 때문에 오히려 저에게 그런 재치 있는 농담을 할 수 있었겠지요. 그 후 저는 과학책을 읽을 때마다 아이들에게 물어봅니다.

"과학책은 어떻게 읽지?"

"따져가며 읽어요."

아이들은 하나된 목소리로 의미 있는 웃음을 지으며 대답하곤 합니다.

"선생님, 그런데 어떻게 따져요?"

"'따진다'는 것은 원리나 이유를 알아내려고 하는 거야. '왜 그렇게 될까?' 라는 질문이 원리를 따지는 방법 중의 하나야."

모든 종류의 책을 같은 방법으로 읽을 필요는 없습니다. 예능을 다큐멘터리 보듯이 진지하게 시청할 필요가 없는 것처럼 가벼운 웃음이나 감동을 전하기 위해 쓴 책을 진지하게 따져가며 읽을 필요는 없지요. 감동이 있는 소설을 딱딱하게 분석만 하느라고 책 속의 감동을 놓쳐서도 안 되고요.

그러면 정보가 있는 지식 위주의 글, 특히 아이들이 읽기 싫어하는 과학책은 어떻게 읽어야 할까요? 줄거리 위주의 창작책 읽듯이 과학책을 후루룩 읽어버리는 아이들의 경우에는 하나같이 정작 기억해야 할 단어나 원리들은 떠올리지 못한 채 무의미하게 읽는 습관을 갖게 됩니다. 이런 아이들은 책읽기 로봇이 되어 문자만을 따라가며 머릿속에 입력만 하는 책읽기를 하고 있습니다. 책 속에서 설명하는 원리나 법칙들이 맞는지, 내가 바르게 이해하고 있는지 머릿속에 이미지를 그려가며, 즉 시뮬레이션을 작동해가며 읽어야 하는데 말이에요.

이렇게 이미지를 그려가며 읽다 보면 "어, 이건 왜 이렇게 되지?" 하고 따지고 싶은 문장이 꼭 생깁니다. 이때 아이들의 생각발전소는 스스로 작동하게 되지요. "왜?"라는 질문을 가지고 그 문장을 해석하고 따지며 분석하는 것입니다.

자석에 관한 책을 읽는다고 가정해봅시다. 일방적인 책읽기는 책이 주는 자석에 대한 정보를 받아들이기만 합니다. '자석은 쇠를 끌어당기는 성질이 있고 서로 다른 극을 가지고 있다. 같은 극끼리는 밀어내고 다른 극끼리는 잡아당긴다.' 이러한 정보를 받아들이고 머릿속에 기억하는 것이 '일방적인 책읽기'입니다. 하지만 '적극적인 책읽기'는 다릅니다.

"자석은 왜 극이 있을까?"

"같은 극끼리는 왜 밀어낼까?"

"다른 극끼리는 왜 잡아당길까?"

"지구는 자철석으로 이루어져 있다고 하는데, 그럼 다른 행성은 어떨까? 달은 어떨까?"

"자석에 붙은 물질은 그 속이 어떻게 생겼을까?"

적극적으로 따져가며 책읽기를 하다 보면 책에서 주는 정보 그 이상을 알아내고 싶은 욕구가 생깁니다. 그 욕구는 발전해 모든 현상의 원리를 알고 싶어 하는 습관이 될 것입니다. 이런 생각의 습관을 만들기 위해서 우리 아이들은 따져가며 책을 읽는 일에 익숙해져야 합니다.

아이디어가 **샘솟는**
독서신문

　사실 신문읽기를 좋아하는 아이들은 거의 없습니다. 아이들 입장에
서는 내용도 딱딱하고 자신과는 상관없는 이야기를 다루고 있다고 생
각하기 때문입니다. 그런데 자신이 직접 만든 신문이라면 어떨까요? 자
신이 이미 알고 있는 이야기를 다룬 내용이라면 달라지지 않을까요? 저
는 이런 생각으로 아이들에게 우리가 직접 신문을 만드는 기자가 되어
보자고 제안했습니다.

　"내가 기자가 되었다고 생각하고 책을 읽어보자. 지금 읽고 있는 책
속으로 들어가는 상상을 해보는 거야."

　책 한 권을 읽고 나서 그 책의 중심 내용을 사건으로 싣고, 또 책이 주
는 정보가 있다면 전문가의 정보 코너도 만들어보라고 했습니다. 책 속

의 주인공이나 인물과의 인터뷰도 가능하겠지요.

처음에는 기사를 쓰는 것이 힘들고 어색하기도 했지만 광고나 만화 코너에서는 아이들만의 아이디어가 그야말로 샘솟듯 솟아나왔습니다. 처음에 기대했던 것 이상으로 아이들은 신문 만들기를 재밌어 했어요.

신문 만들기의 좋은 점은 아이들이 한 권의 책으로 다양한 형태의

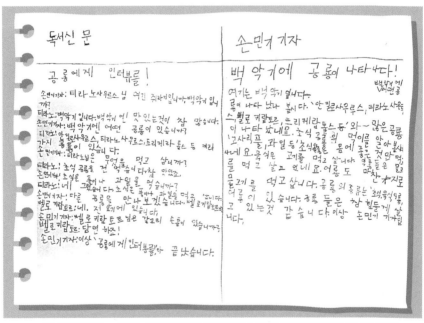

▲ 《옛날 옛적 지구에는…》이라는 책을 읽고 만든 독서신문입니다. 지구의 여러 진화 과정 중 공룡시대에 대한 기사를 인터뷰와 함께 실었습니다(초등 1학년).

글을 써보는 경험을 할 수 있다는 것입니다. 그리고 책의 내용을 어떤
방법으로 신문에 기재할지 생각해보는 과정을 통해서 톡톡 튀는 아이
디어를 내기도 합니다. 결국 이런 활동들은 모두 아이들의 창의력 개발
에도 도움이 된답니다.

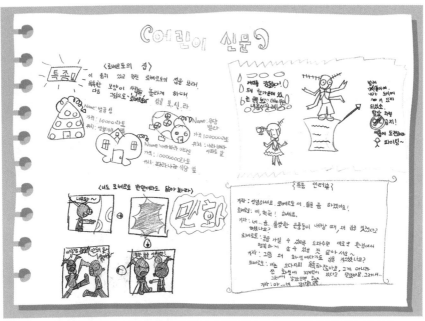

▲ 《건축가 로베르토》를 읽고 만든 독서신문입니다. 로베르토가 만든 특이한 집들은 특종으로 싣고, 곤충들의
우상이 된 로베르토의 만화 4컷도 재미있게 구성했습니다(초등 3학년).

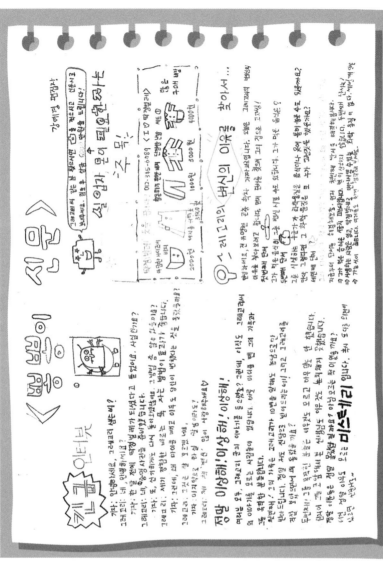

▲ 《변신》이라는 책을 읽고 만든 독서신문. 그레고리의 변신 사건을 추적해 이유를 밝히려는 '전문가의 글' 기사가 새롭습니다(초등 3학년).

사고력이 자라게 하는 통합적 책읽기

하나의 상황에 대해 수학적, 과학적, 문학적으로 통합하기가 대세인 요즘 사실은 그보다 앞서 아이들에게 선행되어야 할 것이 있습니다. 바로 '통합적으로 읽기' 입니다. 창작책은 이야기로만 읽고 인문사회책은 정보로만 읽을 것이 아니라 한 권의 창작에서 주는 재미와 그 속에 녹아 있는 정보를 분석해 함께 얻을 수 있는 책읽기를 해야 한다는 것입니다.

창작책을 읽을 때는 책 속에서 주는 교훈만을 집중해 찾아야 하고, 지식책을 읽을 때는 지식만 머릿속에 넣으면 그만인 그런 책읽기는 이제 구식이 되었습니다. 책읽기에서도 멀티플레이어가 되어 다양하게 통합적으로 읽어야 해요. 이 말은 여러 방면의 책을 많이 읽어야 한다는 의미가 아니라 한 권의 책을 다각도에서 살펴보라는 뜻입니다.

《꼬마 원시인 크로미뇽》이라는 책은 크로마뇽인이라는 인류의 조상에 대해 설명해주는 아주 쉬운 그림책입니다. 엄마들이 보기에는 글밥이 너무 적어서 4, 5세 정도의 유아들에게나 읽혀주면 좋을 그림책이라고 생각할지도 모릅니다. 하지만 제 생각은 다릅니다. 저는 초등 저학년까지도 여러 번 읽고 책 속에 있는 모든 내용을 분석해 통합적으로 익히면 좋을 책이라고 생각해요.

책에서 꼬마 원시인 크로미뇽은 다양한 사건들을 만납니다. 그리고 그 사건들 곳곳에 원시인의 생활을 알려주는 정보들이 숨어 있어요. 아이들과 책읽기를 하는 중간에 곳곳에 숨겨진 숨은 그림을 찾듯이 정보를 찾아가는 활동을 해보세요.

먼저 제목을 읽으면서 '원시인' 에 대한 사전 지식이 있는지 이야기를 나누는 것부터 시작해볼까요? "원시인은 어떤 사람일까?" 하는 엄마의 물음에 그저 '옛날에 살았던 사람' 또는 '진화되기 전 사람' 이라고 말하기도 하고, '공룡과 함께 살았던 사람' 이라고 말하는 아이도 있습니다. 아이와 함께 책을 읽을 때는 제목과 연관된 사전 지식 정도는 다른 책을 찾아보면서 같이 알아가는 것도 좋아요. 이런 활동을 통해 자연스럽게 그물처럼 확장되는 책읽기를 경험하게 될 것입니다.

표지에 그려진 원시인의 그림을 보고 원시인을 적극적으로 표현해

보는 것도 언어영역 활동에 도움이 됩니다. 그림을 보고 자세히 말하기를 연습하는 것도 좋고요.

"그림을 보고 원시인의 모습을 이야기해볼까?"

"원시인은 머리가 길어요."

"원시인은 무기처럼 생긴 돌을 들고 다녀요."

"사람이랑 조금 다르게 생겼어요."

주인공 크로미뇽은 다른 원시인들처럼 사냥을 하고 싶지만 엄마는 아직 어리다고 반대합니다. 그러자 크로미뇽은 뼈를 가지고 사냥 놀이를 하는데 그러면서 진짜 사냥꾼으로 성장하게 됩니다.

책의 내용을 통해서 원시인들이 동굴 속에서 살았고, 사냥을 하면 하나도 버릴 것이 없이 다 쓸모가 있었으며, 매머드를 사냥하는 빙하기 시대에는 불을 사용하는 생활을 했다는 것도 알 수 있습니다. 또 원시인들이 동굴에 사냥감을 그려 동굴벽화를 남겼다는 것도 곳곳의 이야기를 통해 알 수 있어요. 그래서 이 책은 '크로미뇽이 용감한 사냥꾼이 되었다' 라는 단순한 줄거리에만 초점을 맞추어버리면 아쉬운 책입니다.

줄거리와 정보라는 두 마리 토끼 외에 아이들에게 문제 해결의 기회를 줄 수도 있습니다. 크로미뇽이 멀리까지 사냥 놀이를 하러 갔을 때 어떻게 집을 찾아올 수 있었을까요? 뒷장을 넘기기 전에 아이들과 먼저 이야기를 나누어보세요. 매머드를 잡은 후에는 그 큰 매머드를 어떻게 집까지 옮길 수 있었을까요? 처음으로 만난 큰 사냥감에 대해 엄마에게 어떻게 설명했을까요? 크로미뇽은 말과 손짓 발짓을 모두 동원해 설명 했지만 크로미뇽이 생각한 방법보다 더 좋은 방법은 없었을까요?

이런 저의 질문에 고민을 거듭하며 대답하고 싶어 안달이 난 아이들을 보고 있노라면 어쩌면 아이들은 이런 창의적인 방법으로 문제 해결을 유도하는 질문을 기다리고 있었던 것은 아닐까 싶은 생각이 들기도 합니다. 제가 이런 질문을 할 때면 아이들의 눈은 흥분되어 반짝반짝 빛이 나고 대답하고 싶어 엉덩이도 들썩거리거든요. 이런 아이들을 보고 있으면 저 역시 흥분되어 덩달아 목소리가 높아진답니다.

페이지를 넘겨 동굴 벽에 매머드를 그리고 있는 크로미뇽을 보면서 아이들은 "아하!" 하는 탄성을 지릅니다. 용감한 크로미뇽의 이야기를 통해 선사시대의 동굴벽화에 대한 책을 찾아 지식을 확장하는 기회를 갖기도 하지요. 이런 책읽기 방법을 '통합적 책읽기' 라고 합니다.

줄거리를 따라 그대로 읽기만 하는 책읽기는 아이들을 지루하게 만들지만, 여러 방향에서 아이들에게 생각할 기회를 주고 정보를 주는 책읽기 습관을 길러준다면 단 한 권의 책읽기를 통해서도 아이들의 사고력은 끝없이 자라날 수 있습니다.

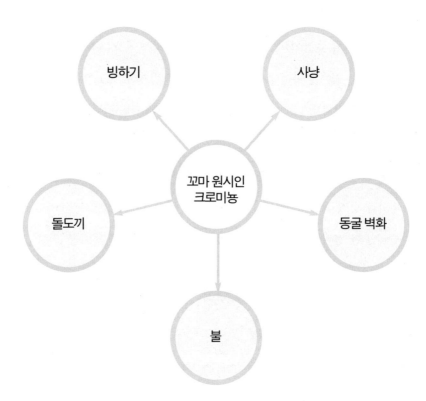

▲ 《꼬마 원시인 크로미뇽》 생각그물

《줄줄이 꿴 호랑이》의 주인공은 늘 빈둥거리는 게으른 아이였습니다. 아이의 엄마는 아이에게 다른 집 아이들처럼 땅도 파고 일을 좀 하라고 화를 냈지요. 다음 날부터 아이는 괭이로 한 길도 넘는 땅을 파기 시작했어요. 그 구덩이 안에 온 동네의 똥이란 똥을 모두 모아 흙을 덮고 참깨를 뿌렸습니다. 참깨가 콩나물처럼 쑥쑥 자라자 아이는 튼튼한 싹만을 남기고 쓸모없는 풀들을 뽑아내는 김매기까지 했어요. 그러자 주먹만 한 참깨가 열렸고, 그 참깨를 털어 참기름을 짜니 엄마는 곧 부자가 되겠다며 덩실덩실 춤을 췄어요.

하지만 아이는 그 참기름으로 길에서 주워 온 강아지를 목욕시켜 강아지의 몸을 고소하고 미끌미끌하게 만들었습니다. 그 강아지에게 긴 줄을 매어 산으로 데려갔는데 밤새 산속의 호랑이들이 그 고소한 냄새가 나는 강아지를 살려둘 리 없지요. 수많은 호랑이들이 서로 강아지를 삼켰지만 너무 미끄러워서 호랑이 입으로 들어간 강아지는 호랑이 똥구멍으로 다시 빠져나왔고, 호랑이 몸속에는 강아지가 맸던 줄이 꿰어지게 됩니다.

밤새 산속 호랑이들은 강아지가 맨 줄에 꿰어졌고 아이는 그 줄을 잡고 집으로 돌아왔어요. 이제 호랑이를 팔아 부자가 된 아이는 참깨나무 옆에 기와집을 짓고 다시 빈둥거리며 누워 있습니다. 그 옆에는 엄마와 강아지까지 함께 누워 있었답니다.

　그런데 게으른 아이는 참깨를 이용해 또 어떤 일을 할 수 있을까요?
아이들과 함께 참깨를 이용해 할 수 있는 일들에 대해 더 생각해보기로
했습니다.

　① 참깨로 참기름을 만들어 차의 휘발유 대신 사용한다.

②언덕에 참기름을 뿌려 참기름 썰매장을 만든다.

③참깨를 술에 담근 다음 참기름으로 짜서 고소한 술을 만든다.

④참깨로 옷감을 짜서 고소한 옷을 만든다.

⑤참깨 방향제를 만든다.

⑥ 술에 담근 참깨를 낚시할 때 미끼로 사용해 술에 취한 물고기를
쉽게 잡는다.

MORE **TIP**

통합적 책읽기 접근 방법
통합적 책읽기는 '프로젝트식 주제 접근형 책읽기' 라고도 해요. 이 방법을 초
등 저학년에게 적용할 때는 한 권의 책을 중심으로 다양한 영역으로 확장해 적
용할 수 있습니다. 반면 초등 고학년은 한 가지 주제를 정하고 그에 따라 책이
나 인터넷 검색 등을 통해서 더 다양하고 깊이 있는 주제 분석 활동을 할 수 있
지요.

'융합인재교육(STEAM)'을 위한
통합적인 책읽기

    초등학교 1, 2학년과 중학교 1학년 교과서가 '융합인재교육(STEAM)'
이라는 이름으로 통합 교과서로 새롭게 태어났습니다. 이에 초 · 중 ·
고 전 학년에서 스팀 교육이 실시되고 있어요. 스팀 교육은 예술과 수
학, 건축에 능했던 레오나르도 다빈치처럼 주입식 암기 교육에서 벗어
나 '미래형 창의적 융합 인재' 육성을 지향하고 있습니다.

    교육부의 이러한 정책에 발맞추어 가정에서 실시하는 독서 교육도
좀 더 적극적이고 능동적인 방향으로의 전환이 필요합니다. 그림책을
읽고 가정에서도 쉽게 적용할 수 있는 통합적인 독후 활동을 구상해보
았습니다.

《줄줄이 꿴 호랑이》 통합활동 계획안

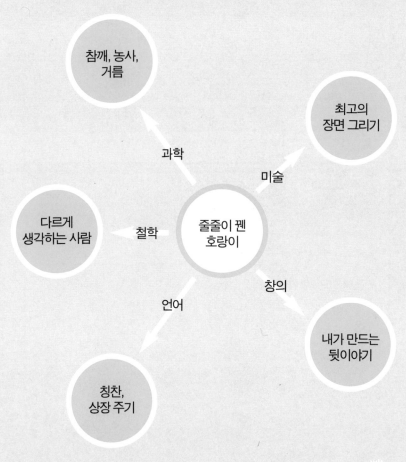

참깨, 농사, 거름

과학

다르게 생각하는 사람

철학

줄줄이 꿴 호랑이

미술

최고의 장면 그리기

창의

내가 만드는 뒷이야기

언어

칭찬, 상장 주기

①《줄줄이 펜 호랑이》언어 활동: 상장 주기

호랑이를 잡은 개를 칭찬했습니다. 신문기사로 구성한 독특한 형식입니다(초등 1학년).

상상력기발상

어린이는 기발한 아이디어를 생각해나
무를 엄청나게커다랗게 자라게 했으
이상장을수여합니다.

기발한 아이디어를 선보인
게으른 아이에게 상장을
주었습니다.

결국 엄마가 잔소리를 해서
아이가 행동하게 되었으므로
엄마에게 상장을 주었습니다.

잔소리 상

위 어른은 아이를위해 잔소리
를했으므로 이상장을주어 칭찬
합니다,

평화상

위 어린이는 100마리의호랑이 가죽을
내다 팔아 사람들과 어머니의 마음을 평화롭
하였으므로 이 상장을수여합니다.

호랑이를 모두 잡아서 마을의
안전과 평화에 도움을 주었으
므로 아이에게 상장을 주었습
니다.

② 《줄줄이 펜 호랑이》 창의 활동: 내가 만드는 뒷이야기

76쪽에서 소개했던 '생각 확장하기' 활동
을 통해 생각한 여러 방법들로 새로운 이야
기를 구성할 수 있습니다.

《갯벌이 좋아요》 통합활동 계획안

①《갯벌이 좋아요》 언어 활동: 내가 만든 갯벌 사전

갯벌이 좋아요   내개 만든 갯벌 사전, 권도영

① 갯벌

갯벌은 바다가 왔다가 간 곳이야

갯벌은 물새가 좋아하는 곳이야

갯벌은 게가 사는 곳이야

② 꽃발게

꽃 발게 는 오른쪽 발이 커

꽃 발게든 옆 으로막다녀

꽃 발게는 왼손이작은데 먹이를 무어

③ 갯지렁이

갯지렁이는 집이 엄청 길어

갯 지렁이는 다리가 많아

갯지렁이는 몸통이 길어

④ 밤게

밤게는 집이 길어

밤게는 완전짝아

이수민

'갯벌의 땅은 말랑말랑해.
'갯벌에는 생물이많이살아.
'갯벌의 물은 문처럼 왔다갔다해.

〈꽃발게〉
꽃발게는 한 발이, 커서 균형을 잘을못할거같아.
꽃발게는 씩씩해.

〈갯거렁이〉
갯지렁이는 몸도길고다리도 길어.
갯지렁이의 겁은 바나나 같아.

〈따게비〉
따게비는 닭몸에 풀이 붙어있는것 같아.
따게비는 조개랑 거이 비슷하게
생겼어.

▲ 책에 등장하는 갯벌 생물들에 대해 설명하는 '갯벌도감'을 만들었습니다(초등 1학년).

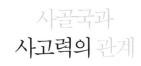

사골국과
사고력의 관계

'살점 하나 없이 알몸을 하얗게 드러낸 사골에 물을 붓고 끓인다고 저 물에 무엇이 녹아 나올까?'

찬바람이라도 불라치면 며칠에 걸쳐 사골국을 끓이시는 친정엄마를 보며 했던 생각입니다. 엄마는 처음 고아낸 사골국을 덜어내고는 거기에 다시 물을 한가득 붓고 하루 종일 잊은 듯이 끓이기를 계속하십니다. 그리고 초벌의 국물과 다시 끓인 국물을 섞어놓고는 맹물을 더 채워 끓이기를 몇 번에 걸쳐 반복하시지요.

뼈와 물을 넣고 계속 끓이며 기다리기를 반복하는 친정엄마의 정성은 결국 어디에도 없는 뽀얗고 깊은 국물을 우려냅니다. 이쯤되면 구멍이 숭숭 뚫려버린 뼈가 애처로워 보일 지경이에요. 저는 한두 번 끓였으면 됐지 뭘 그렇게 대여섯 번까지 우려내느냐고 엄마의 수고스러움에 미안해했지요. 그런 때면 엄마는 사골이란 이렇게 오래 끓일수록 진국이 우러난다며 더욱 정성을 들이십니다.

정말 엄마의 말씀처럼 사골은 끓일수록 뽀얀 우유 빛깔 국물이 깊이를 더해 우려져 나옵니다. 초벌을 끓여내서 나왔던 맑은 국물과는 달리 진국의 자태를 보여주었지요.

엄마표 사골국의 비법은 바로 진국을 위한 '우려내기' 였습니다. 하루 종일 더 진한 깊은 국물을 만들어내기 위해 끓이고 끓이기를 반복하는 '우려내기' 로 정성을 들인 사골국일수록 명품이 되는 것이지요. '우려내기' 의 힘으로 뼈 속에 있는 모든 영양분을 다 쏟아내었으니 그 사골국에는 분명 뭔가 엄청난 것이 들어 있겠지요?

우려낼수록 더 깊고 진한 국물로 탄생하는 사골국을 보면서 아이들에게 키워주고 싶은 생각하는 힘, 즉 사고력에도 이 사골 진국의 힘이 도움이 될 거라는 엉뚱한 생각이 뻗칩니다. 사골국과 사고력에는 '우려내기' 라는 공통점이 있어요. "생각해볼까?"라는 질문에 단 한 번의 고민으로 "몰라요"를 외치는 건 분명 초벌 생각하기일 것입니다. 대부분 평범하고 일반적인 생각들이지요.

반면 "생각해볼까?"라는 질문에 몇 번의 고민을 더하고 깊은 의미를 찾으려 노력하는 생각 우려내기가 바로 깊이 생각하는 힘, 즉 '사고력' 입니다. 사골국과 비교하면 진국이 된 것이지요. 이렇게 생각해낸 결과 물일수록 남과는 다른 창의적인 생산물일 때가 많습니다.

까막눈이던 두 돌 무렵부터 시작된 책읽기는 처음에는 재미있는 놀이로 시작했지만 점차 문자를 익히는 도구로, 다시 학습을 위한 도구로 변신하게 됩니다. 놀이의 한 방법으로 책읽기를 하던 시기에 아이들은 마냥 즐거워했지요. 그때는 정말 좋아해서 즐거워하며 우려내듯이 엄마와 책을 읽었을 거예요.

그런데 어느덧 엄마들은 아이들에게서 이 즐거움을 빼앗고 '문자' 라는 것을 알려주기 위해 애를 씁니다. 그때부터 아이들에게 책은 재미있는 상상의 놀이이기보다는 딱딱한 문자를 알려주는 재미없는 학습지가 되고 맙니다. 여기서부터 책을 우려내며 읽는 즐거움은 끝나버리지요.

저는 책을 문자 학습의 도구로 알고 있는 세상의 엄마들에게 말하고 싶습니다. 문자만을 짚어가며 읽는 초벌 책읽기는 마치 문자만 읽으면 그 책을 다 이해한 것처럼 오해하게 만들어 점점 겉만 보는 책읽기에 빠져들게 한다고 말입니다.

책읽기는 문자와 문자들이 만들어내는 의미와 또 내용이 만들어내는 더 깊은 의미를 생각하며 읽어야 하는 '우려내기' 입니다. 책읽기를 할 때도 단어와 문장과 단락을 우려내며 읽고 또 읽기를 반복하고, 내용을 이해하기 위해 따져가며 읽다 보면 분명 우리 몸과 정신에 필요한 그 무엇을 책 속에서 우려낼 수 있지 않을까요?

초벌 책읽기와 따져가며 이해하는 우려내기식 책읽기는 분명 생산물이 달라집니다. 이쯤에서 보면 '사고력'은 '창의력'과도 통한다고 할 수 있어요. 의미 없던 문자들 사이에서 의미를 우려내기 위해 깊이 생각하는 사고력을 통해 '창의적인 문제 해결'이라는 진국의 맛을 보는 것이야말로 결국에는 우리 아이들이 익혀야 할 책읽기 방법이기 때문입니다.

3장

창의력 키우는
생각 더하기

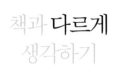

　우리가 책에서 만나는 내용은 일반적으로 작가의 상상력이 만들어

낸 '사건' 과 사실적인 요소인 '정보' 로 나눌 수 있습니다. 내가 경험해

보지 못한 세계를 문자를 통해 간접적으로 경험할 수 있다는 것은 책이

주는 가장 큰 매력이지요. 작가는 자신이 만들어낸 세상을 통해 사회를

바라보는 자신만의 시각을 드러냅니다. 독자들은 작가의 이야기를 통

해 그냥 지나쳐버렸던 사회 현상에서 자신과 비슷한 상황을 연결시켜

끄집어내기도 하고요.

　"이 상황에서 어떻게 이런 생각을 해냈을까?"

　우리에게는 버려지는 이야기라도 작가의 손에 들어가면 재활용되어

그 상황에 걸맞은 새로운 가치를 찾게 됩니다. 이런 재활용을 가능하게

하는 것은 그들이 가진 일상을 보는 새로운 시각 덕분이지요. 저는 우리 아이들에게도 이런 '다른 시각'이 생기기를 바랍니다.

늘 같은 재료로 같은 요리만 하는 요리사보다는 같은 재료라도 매번 새로운 요리를 만들어내는 요리사에게 우리는 '쉐프'라는 근사한 이름을 붙여줍니다. 이렇게 같은 재료라도 다른 시각에서 바라보고 다르게 만들어내는 힘이야말로 책 속에서는 무궁무진하게 존재하는 자원이지요. 아이들에게도 작가가 만들어낸 세상을 간접경험하면서 그들만의 시각으로 새로운 가치를 찾아내는 힘을 길러주고 싶습니다. 간접경험을 통해 작가와는 다른 자신만의 방식으로 문제를 해결하기를 바라는 것이지요.

제 첫 수업이었던 '그림책이랑 놀자'는 저의 이런 생각이 구체화된 것이었습니다. 저는 아이들이 책이 주는 재미를 마음껏 경험하기를 바라는 마음으로 이 수업을 생각했고, 독후 활동에서도 일반적인 독후감 쓰기와는 다른 다소 엉뚱한 방법으로 책을 가지고 놀아보도록 유도했습니다. 설사 그 활동이 책이 주는 교훈과는 조금 멀어지더라도 아이들과 함께 다른 길을 찾아가는 시도를 하고 싶었거든요. 다른 방향에서 책을 보려는 시도를 거듭하다 보면 남들은 보지 못한 새로운 것을 볼 수도 있을 거라고 생각했습니다.

책 속에서 자신만의 문제 해결 방법을 찾아내려 노력한 우리 아이들에게는 사물을 다르게 보는 힘이 생길 것이고, 그 힘은 지금과는 또 다른 세상을 만들어줄 것입니다. 제가 말하는 '책과 다르게 생각하기'는 그래서 '책 속에서 나만의 생각 찾기'라고도 할 수 있습니다.

엄마들은 책을 보며 작가의 생각을 찾기 위해 애씁니다. 그리고 아이들에게도 작가의 의도를 찾으라고 주문하지요. 그러나 작가의 생각만이 세상을 보는 정답은 아닙니다.

저는 그림책을 읽는 유아기나 초등 저학년 시기만이라도 아이들의 끝없이 다양하고 무궁무진한 생각들을 허용하고 수용해야 한다고 생각합니다. 어차피 초등 고학년이 되고 중·고등학생이 되어 학교라는 제도적 장치에 적응하고 입시라는 틀에 갇히게 되면 아이들은 점점 정답을 좇아갈 수밖에 없으니까요.

"이 책을 읽고 무엇을 느꼈니?"

책을 읽고 질문을 할 때 엄마의 마음가짐은 절대적이어서는 안 됩니다. 절대적인 한 가지 답만을 머릿속에 담아두고 아이의 대답을 기다려서는 안 된다는 말입니다. 아이의 대답에 절대평가 하듯이 하나의 잣대만을 들이대서는 곤란합니다. 상대적인 마음으로 다름을 인정하고 아이의 생각을 들어준다면 "그렇게 생각할 수도 있겠구나!" 하고 아이의 생각을 격려하고 존중할 수 있을 것입니다.

저는 과학적인 이론은 잘 모릅니다. 하지만 절대적인 법칙을 중요시하는 과학에서조차 상대성이 인정받는 세상이 되었다는 것쯤은 알고 있어요. 과거에는 '신'이라는 절대적인 힘이 세상을 이끌어갔다면 현재는 각각의 사람마다 다른 생각이 인정되는 세상이지요.

이렇듯 이제 세상은 상대적인 힘이 이끌어가고 있습니다. 아인슈타인이라는 세기의 과학자가 절대적인 기준이 지배하던 세상을 상대적인 시각이 인정받는 세상으로 변화시켰다면 이제 앞으로의 미래는 어떻게 달라질까요?

책을 통해 간접적으로 세상을 보는 아이들에게 절대적인 정답을 요구하는 세상을 가르쳐서는 안 됩니다. 우리 아이들에게 정답만을 응시하는 눈이 아닌 다양한 시각을 인정하는 상대적인 눈을 가지게 해야 할 것입니다.

《마녀 위니》 읽고 나만의 생각 찾기

《마녀 위니》는 주인공 마녀 위니가 온통 까만색 투성이인 집에서 까만색 고양이 윌버와 함께 살며 생기는 갈등 상황과 함께 문제를 해결해 나가는 과정이 재미나게 그려진 책입니다.

까만색 집에서 까만 고양이 때문에 자꾸 걸려 넘어져 불편한 마녀 위니는 고양이의 털 색깔을 마음대로 바꿔버립니다. 하지만 결국은 고양이 윌버의 속상한 마음을 이해하고는 윌버를 다시 까만색으로 되돌려줍니다. 그리고 자신의 까만 집을 알록달록한 색깔로 바꾸는 현명한 배려심을 발휘하지요.

하지만 마녀 위니의 방법만이 옳은 것은 아니에요. 까만 집에서 까만 고양이와 함께 살 수 있는 다른 방법은 없을까요? 아이들이 생각한 '까만 고양이와 함께 살 수 있는 다른 방법' 입니다.

① 고양이에게 방울을 달아 움직일 때마다 소리가 나게 한다.

② 고양이에게 향수를 뿌려준다.

③ 고양이가 잠을 잘 수 있는 곳을 마련해준다.

④ 고양이에게 야광 조끼를 입혀준다.

⑤ 마녀 위니에게 어둠 속에서도 잘 보이는 안경을 쓰도록 한다.

마녀 위니의 요술 지팡이를 이용해 까만 집에서 까만 고양이와 함께 살 수 있는 다른 방법을 더욱 적극적으로 생각해보았습니다. 아이들은 어떤 마법의 주문을 외울까요?

① 윌버가 잠잘 때만 가벼워져라!

② 윌버가 잠잘 때도 눈을 뜨고 자게 하라!

③ 윌버에게 투명 날개를 달아주어라!

④ 윌버와 위니가 같은 시간에 잠을 자게 하라!

⑤ 윌버가 잠잘 때 코를 골게 하라!

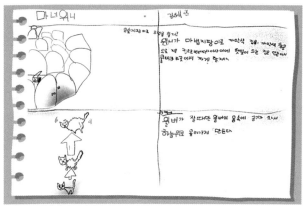

▲ 윌버가 잠잘 때만 가벼워져서 위로 떠오른다면 위니는 윌버와의 문제를 해결할 수 있습니다.

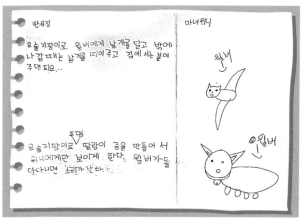

▲ 윌버에게 투명 딸랑이를 달아줍니다. 잠잘 때만 딸랑이가 저절로 소리를 내도록 요술을
부린다면 더 재미있을 것 같아요.

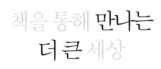

책을 통해 **만나는** **더 큰** 세상

말하기 좋아하는 떠버리가 있었어요. 그는 성자를 찾아가 사람들이 성자에 대해 어떻게 생각하는지 말해주겠다고 했습니다. 그러자 성자는 떠버리에게 말하기 전에 '세 개의 체'를 준비해 오라고 했어요. 그 세 개의 채는 각각 '진실의 체' '좋은 뜻의 체' '도움의 체'인데 떠버리가 말하는 것을 걸러내 줄 거라고 했지요. 그런데 결국 떠버리가 성자에게 해주는 어떤 말도 그 체를 통과하지 못했답니다.

철학적 내용을 아이들이 이해하기 쉽게 그려낸 《작은 철학자》 시리즈 중에서 '세 개의 체'의 내용입니다. 성자가 말했던 '세 개의 체'란 무엇일까요? 이 '세 개의 체'를 통해 아이들에게 이야기해주고자 했던 것은 무엇일까요? 맞습니다. 함부로 말하지 말라는 것이지요. 상대에게 말할 때 지켜야 하는 예절 혹은 도리를 말해주는 책입니다.

"성자는 떠버리에게 어떤 체를 주려고 했니?"

"성자가 떠버리에게 체를 주려고 한 이유는 무엇일까?"

"떠버리는 어떻게 되었니?"

지금까지 대부분의 부모들이 이런 질문들로 아이들의 듣기 능력을 검사하는 방식의 책읽기를 해왔을 것입니다. 이제부터는 아이와 함께 '더 생각하기'를 해보세요.

"우리도 성자가 되어볼까? 성자가 되어 함부로 말하는 아이들에게 필요한 체를 만들어보자. 어떤 체가 더 있으면 좋을까? 지금부터 생각해보자."

말이 떨어지자마자 "네!" 하고 후다닥 자기 생각을 이야기하는 친구들은 거의 없습니다. 그러니 우리 아이만 입을 꾹 다물고 있는 건 아닐까 걱정하지 않아도 됩니다.

"고운 말의 체요. 왜냐면 친구들끼리 학교에서 욕을 많이 하기 때문에 고운 말만 통과할 수 있는 체가 필요해요."

"겸손의 체도 필요해요. 다른 사람에게 말할 때는 겸손한 말도 필요해요. 잘난 척하는 말은 친구들이 싫어해요."

"배려의 체도 필요해요. 친구를 배려하고 이해하는 말을 하면 친구가 많아져요."

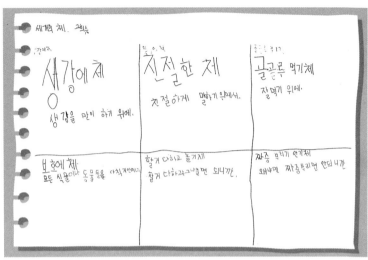

세개의 체. 그학능

갔해즈

새강에체 ○

생강을 많이 하기 위에.

친절한 체

친절하게 말하기 위해서.

골골루 먹기체

잘 먹기 위에.

보호에 체.
모든 식물이나 동물 들을 다치게안하고

할거 다하고 돌기체
할거 다하고그냥놀면 되니깐.

짜증 부리기 안기체
외냐면 짜증부리면 안되 나깐

▲ '행동의 체' 도 생각해보았습니다. 이런 행동만 걸러내는 체가 있다면 어떨까요? (초등 1학년)

재목: 새개의 체   이름: 이승우

생각체
이유: 생각하고 말 애야돼니깐

독서체\
이유: 머리가 좋와지니 깐.

시간 절약막체
이유: 숙재 를못 하니 깐

▲ '시간 절약' 을 위한 행동의 체가 있다면 어떨까요? '생각의 체' 가 있다면 "몰라요" 라는 말은 없어질까요?
(초등 1학년)

100

처음에는 힘들어하며 서로의 눈을 피하기만 하던 아이들이었지만, 이제 하나하나 자신만의 또 다른 체를 생각해 이야기합니다. 그들의 이야기 속에는 자신의 작은 경험에 비추어 생각해보려는 노력이 들어가 있었습니다.

책에서 말하는 메시지만이 정답은 아닙니다. 책을 통해 더 큰 세상을 보기 위한 더 깊은 생각을 해야 합니다.

주변과 사회로까지 생각 넓히기 :)

고학년 아이들에게도 이 책을 가지고 '더 생각하기'를 해보았습니다. 이번에는 더 생각하기를 통해 문제 해결을 유도하는 주도적인 행동으로 확장시켰습니다.

"요즘 우리 사회에도 떠버리 같은 사람들이 정말 많아. 우리가 직접 그 사례들을 찾아서 성자의 입장이 되어 그들에게 필요한 체를 찾아줘 볼까?"

한 권의 책을 읽고 책 안의 이야기를 우리 사회로까지 확대시켜 적용해보는 시도도 할 수 있습니다. '더 생각하기'를 사회로까지 확대 적용해 '세 개의 체'가 필요한 우리 주변의 사람들을 찾아내는 독후 활동을 해보는 것도 사회에 관심이 생기기 시작한 초등학교 고학년 친구들에게는 의미 있는 일이지요. 책 속에서 사회의 문제점을 찾고 이 문제를 해결하기 위해 아이의 입장에서 아이디어를 찾아 발전시키는 주도적인 방법입니다.

"악성 댓글을 다는 온라인 떠버리들이 문제인 것 같아요. 무책임한 댓글 때문에 상처 받는 사람들이 많아지잖아요. 신문에서도 많이 봤어요."

인터넷이 발달한 지금 사회의 모습은 어떤가요? 인터넷상의 악성 댓글들 때문에 사회적으로 문제가 되고 있는데, 이 책 속에 등장하는 떠버리와 같은 행동을 하는 사람들이 많기 때문입니다. 그들에게 필요한 인터넷상의 예절을 세 개의 체로 표현해줄 수도 있을 거예요.

이렇게 '더 생각하기'를 통해 우리는 책에서 말하는 떠버리보다 더 넓은 의미의 떠버리를 찾아낼 수 있었습니다. 문제를 제기하는 것에 그치지 않고 그들에게 세 개의 체를 새롭게 만들어줌으로써 스스로 문제를 해결해내려는 주도적인 자세도 배울 수 있습니다.

MORE **TIP**

'더 생각하기'를 도와주는 다른 책들
— 유아·유치부: 이솝우화류의 책(동물을 의인화시켜 독자에게 메시지를 주는 책)
— 초등 저학년: 철학 동화류
— 초등 고학년, 중등부: 인문 고전

제목 : 3개의 체
이 책을 읽으면서 나는 이 3개의 체
개인터넷 댓글은 다른 사람과 광고지
를 쓰는 사람에게도 필요하다고 생각했
다. 나는 컴퓨터를 보면서 나쁜 말을
목격한적이 있다. 나는 그 순간 그 말
을 다시 그 사람에게 반사하고 싶었다
. 그럼 그 사람도 다른 사람의 기분을
알 것이다. 만약 3개의 체가 있다면
나쁜 말들이 싹 걸러질 것이다. 그럼

다시는 컴퓨터에서 사람들의 기분을 쓰
레기 같이 만드는 욕설등의 나쁜 말을
볼 수 없을 것이다. 우리가 자주 보는
광고들에는 가끔씩 과장된 광고를 본
수 있다. 나도 그런 쓸데는 과장광고
를 본적이 있다. 한번만 가고 쪽~보
리면 아무리 더러워도 때가 다 지워진
다든 내용이었다. 그깊이 정말 그런줄
알고 그것을 구입한 사람은 정말 먹다
른 피해를 볼것 같았다. 사실은 그렇지

않은데도 말이다. 그 밖에도 씻으면 9
9, 9 퍼센트 항균 된다는 것등 과장
된 광고는 이 세상에 셀 수 없이 많
다. 이것들을 3개의 체에 걸르면 세상
은 정직한 광고들만 있을 것이다. 그럼지
만 이것을 끄지지 않는다면 세상에는
믿지 못할 영웅한 광고들로 덮일 것이
다. 가금 부터라도 사람들이 노력해서
욕설과 뜬소문등의 쓰모없는 것을 엮
썼으면 좋겠다.

◀ 유치부나 초등 저학년에는 자신의 주변에만 생각이 머물러 있는 데 반해 초등 고학년쯤 되면 같은 사건에 대해 자신의 주변과 자신이 속한 사회로까지 생각이 확대됨을 알 수 있습니다. (초등 4학년)

초식동물의 **눈으로**
책읽기

초식동물과 육식동물의 눈의 위치가 다른 이유를 알고 있나요?

육식동물은 먹잇감을 정하면 그 먹이만을 바라보며 전력 질주를 해야 하기 때문에 눈이 얼굴 앞쪽에 모여 있다고 합니다. 하지만 초식동물은 다릅니다. 주로 공격을 받기만 하는 초식동물은 주변에 육식동물이 있는지 살펴야 하기 때문에 눈이 얼굴의 옆에 있다고 해요.

과거에 아이들에게 요구했던 생각의 방법이 정답만을 찾아 전력 질주하는 육식동물의 눈이었다면, 요즘 우리 아이들에게 필요한 것은 바로 초식동물의 눈입니다.

오직 정답만을 찾기 위해 뛰어가다 보면 주변의 다른 것들을 관찰할 기회를 놓치고 맙니다. 아이들이 자기 주변과 사회 현상에 관심을 가지고 두루 잘 관찰할 수 있는 초식동물의 눈을 가진다면 세상을 보는 다른 시각을 인정하게 되고, 결국 자신의 다른 생각도 더욱 잘 찾아낼 수 있을 것입니다.

초식동물의 시각은 책읽기에서도 적용되어야 합니다. 과거의 책읽기는 아이들의 생각을 하나의 정답을 찾아내는 수렴적 사고에만 머물게 했다면 요즘의 아이들에게 필요한 책읽기는 적극적인 책읽기, 확산적인 사고를 할 수 있는 책읽기입니다.

책이 전하는 주제나 중요한 메시지만을 찾기 위해 책을 읽는다면 그 책이 가지고 있는 다른 소중한 면을 보지 못할 수도 있어요. 주제를 찾기 위한 책읽기를 잠시 접어둔다면 그 사이 아이들은 그 책을 통해 또 다른 세상과 연결된 통로를 만날 수 있을 것입니다. 그리고 그 통로를 통해 세상을 보는 다양한 시각을 인정하게 될 것입니다.

《쇠를 먹는 불가사리》 읽고 세상과 연결하기 :)

《쇠를 먹는 불가사리》라는 책이 있습니다. 제목만 들어도 아이들의 호기심을 끌 만하지요. 아이들은 "그런 불가사리가 어디 있어요?" 하며 집중합니다.

우리 옛 조상님들의 상상력이 돋보이는 이 책은 '상상의 동물 시리즈' 중 한 권으로 그림이나 내용이 현실과는 다소 동떨어지고 촌스러운 스토리라고 생각될 수도 있습니다. 하지만 아이들에게 정의로운 불가사리는 인기 많은 캐릭터 중 하나지요.

책은 전쟁으로 남편과 아들을 잃은 외로운 아주머니가 밥풀떼기로 인형을 만들어 절대 죽지 말라는 뜻이 담긴 '불가사리' 라는 이름을 지어주는 것으로 시작됩니다. 그 불가사리에게 전쟁을 일으키는 이 세상의 모든 쇠를 다 먹어 치우라는 가사의 노래를 계속 불러주자 신기하게도 불가사리가 살아나 쇠를 먹고는 점점 몸이 커지고 쇠처럼 단단해진다는 내용입니다.

아이들은 책을 통해 '불가사리가 멋있고 용기있다' '나도 불가사리 같은 애완동물이 있으면 좋겠다' '이 책에 나오는 임금님은 정말 어리석다' 등의 생각을 찾았습니다. 여기까지는 육식동물의 눈으로 주제를 찾아가는 1980~90년대식 독서교육이었어요.

저는 초식동물의 눈으로 책을 읽고 세상을 살피기 위해서는 다른 관점에서 질문할 필요가 있다고 생각했습니다.

"주인공 아주머니처럼 우리도 밥풀떼기 인형 '불가사리' 라는 영원히 죽지 않는 지킴이를 만든다고 상상해보면 어떨까?"

제 질문에 아이들은 처음에는 "불을 먹는 불가사리를 만들고 싶어요"라고 대답했습니다. 단순히 책 내용을 바탕으로 생각하면 '불을 먹는 불가사리'가 정답처럼 떠오르게 됩니다.

"불을 먹는 불가사리뿐 아니라 너희에게 지금 필요한 불가사리를 상상해보자."

막연하게 '없어요'를 외치던 아이들이 조금씩 자신이 겪은 사회의 문제나 자신의 힘으로는 어쩔 수 없었던 힘든 일들을 '불가사리'라는 상상의 동물을 통해 해결할 수도 있다는 상상을 하기 시작했습니다. 주인공과의 감정 이입이 일어난 것이지요.

불을 먹는 불가사리를 시작으로 아이들은 바이러스를 먹는 불가사리, 모기를 먹는 불가사리처럼 병을 일으키는 원인을 없애버리는 불가사리를 생각해냈습니다. 또 다른 친구는 지구를 오염시키는 가스를 먹는 불가사리와 쓰레기가 많은 지구를 위해 쓰레기 먹는 불가사리를 만들어야 한다며 지구의 미래를 걱정하는 대견한 생각을 하기도 했습니다.

또 사막이 많아지면 지구에서 사람이 살 수 있는 땅이 부족해진다며 사막의 모래를 다 먹어버려야 한다는 진지한 대답을 해 친구들의 호기심을 자극한 친구도 있었어요. 그 외에 만화책이나 게임기를 먹어버리는 불가사리를 만들어야 한다고 말한 아이도 있었습니다. 부모님의 걱정을 이해하는 의젓함이 느껴졌어요. 술을 먹는 불가사리를 만들어 이 세상의 술을 모두 마셔버리게 해야 한다고 말해 큰 웃음을 준 아이도 기억에 남네요.

이렇게 아이들의 생각발전소는 가동을 시작하기는 어렵지만, 한번 가동을 시작한 발전소는 쉼 없이 창의적인 생산을 해냅니다. 책의 내용만이 정답이라고 가르치지 않는다면 아이들은 스스로 생각발전소를 가동할 준비가 언제라도 되어 있습니다.

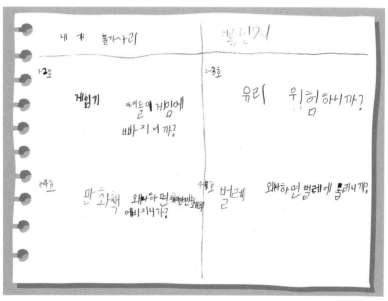

▲ 세상에 있는 만화책과 게임기를 모두 먹어버리는 불가사리가 있다면 엄마와 아이들의 전쟁도 사라지지 않을까요? (초등 1학년)

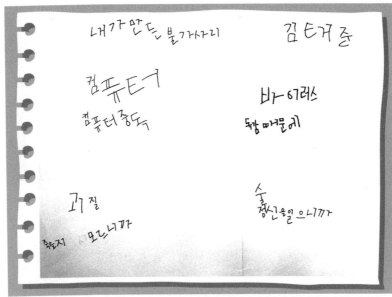

▲ 바이러스와 술을 먹는 불가사리가 있다면 과연 세상의 모든 질병이 사라져 안전한 세상이 될까요? (초등 1 학년)

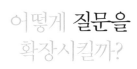

어떻게 **질문을** 확장시킬까?

저는 아이들이 어릴 적에 종종 함께 동물원 구경을 다녔어요. 아이들의 눈에 비친 동물원은 정말 신기했습니다. 동물들의 아주 작은 행동 하나하나에도 아이들의 호기심은 언제든 스위치를 켤 준비가 되어 있었지요. 그 호기심이 빛으로 발하는 순간 아이들의 질문은 끝없이 쏟아져 나옵니다.

"엄마, 저 코끼리는 귀가 왜 이렇게 넓고 커?"

정말로 코끼리는 아무렇지도 않게 그 거추장스럽게 큰 귀를 펄럭이고 있었습니다. 아이의 질문에 저는 한동안 멍한 상태로 아무 생각도 들지 않았어요. 그러고 보니 당연히 코끼리 귀는 큰 것이라고만 생각하고 있었거든요. 코가 긴 코끼리가 왜 귀까지 저리도 거추장스럽게 큰지 사실 단 한 번도 궁금한 적이 없었습니다.

'어떻게 대답해야 할까?'

머릿속으로 아무리 그럴듯한 낱말들을 짜맞추어 보려고 해도 도통 떠오르지 않았습니다.

"음, 만약 코끼리 귀가 반대로 아주 작다면 어떨까?"

저는 이렇게 말하고 아이의 얼굴을 살폈습니다. 아이는 눈을 반짝이며 재미난 미소를 지었어요. 저는 이때다 싶어 놓치지 않고 다시 질문을 했습니다.

"커다란 코끼리가 생쥐 귀처럼 자그마한 귀를 가졌다면 어떨지 상상해볼까?"

"에이, 그런 코끼리가 어디 있어?"

"그러니까, 상상해보면 재밌을 것 같은데? 눈을 감고 머릿속에 그림을 그려봐."

아이는 눈을 질끈 감고 상상하기 시작했습니다. 생각만 해도 웃음이 번지나 봅니다.

"엄마, 귀가 작은 코끼리는 좀 이상해. 불편할 것 같기도 하고."

"왜 불편하다고 생각하니?"

아이가 그렇게 생각한 이유를 알고 싶어 다시 물었습니다.

"응, 귀가 너무 작으면 균형이 안 맞아 보이고 기우뚱기우뚱할 것 같은데. 그러니까 불편하지."

"정말 그럴 수도 있겠네!"

"코끼리는 큰 귀가 있어서 다행이야."

"그럼 코끼리는 귀가 커서 좋은 점이 많겠구나."

"응, 더울 때 부채질하면 딱 좋을 것 같아. 아! 맞다."

아이는 무슨 생각이 떠올랐는지 손바닥까지 마주치며 소리를 질렀어요.

"엄마, 코끼리는 더운 나라에 많이 살아서 귀로 부채질하기도 좋겠다. 그치?"

아이의 발견에 저도 맞장구를 치며 목소리가 높아졌지요.

"아! 그래, 코끼리들은 더운 나라에 많이 살아. 큰 귀가 더위 피하기는 딱 좋겠구나!"

이렇게 질문이 다 끝났나 싶더니 이제 본격적으로 아이의 호기심이 빛을 발하기 시작했습니다.

"엄마, 더운 나라에 사는 동물들은 모두 귀가 클까? 사막 같은 데 사는 동물도?"

아이는 신기한 발견이라도 한듯 자신의 질문에 자랑스러워하는 것 같았습니다.

"이야, 대단한데? 코끼리 귀에서 사막의 동물까지 생각이 커져버렸어!"

제 목소리도 어느덧 아이의 질문에 신이 나 들썩거리고 있었지요.

"사막에 사는 동물 중에서 어떤 동물의 귀랑 비교해볼까? 그래, 토끼다. 사막토끼 귀에 대해서 알아보면 좋겠다."

그 당시 아이는《신기한 스쿨버스》라는 책을 즐겨 읽고 있었습니다. 그래서 그 책에서 본 사막토끼에 대한 이야기와 쉽게 연관지을 수 있을 거라 생각했지요. 아이 역시 그 책을 잘 기억하고 적용시켰습니다.

"엄마,《신기한 스쿨버스》에서 봤잖아. 사막토끼도 큰 귀로 몸의 열을 내보낸다고 그랬잖아. 그러니까 코끼리도 몸의 열이 큰 귀로 빠져나가는 것 같아. 그래서 코끼리 귀가 컸구나."

"정말 그렇네!"

"엄마, 거꾸로 생각하면 더운 나라가 아니라 추운 나라에 살면 귀가 아주 작겠다. 그치?"

아이의 질문에 정답을 모른다고 당황할 필요는 없습니다. 정답을 모른다고 생각조차 없지는 않으니 말이에요. 아이에게 맞춤형의 정답이 아니라 그 이상을 생각할 수 있는 힘을 길러주기 위해 노력하다 보면 어느새 아이의 질문을 확장할 수 있는 실마리를 찾아낼 수 있게 됩니다.

만약 제가 "몰라"라는 대답으로 처음부터 아이의 생각을 잘라내버렸다면 아이에게는 코끼리 귀에서 사막토끼까지 생각을 열 기회조차 없었을 거예요. "거꾸로 생각해볼까?"라는 한 마디로 아이의 생각은 봇물처럼 터져나올 수 있는 기회를 갖게 된 거지요.

이렇게 스스로 생각의 끈을 놓지 않고 생각그물을 연결해가다 보면 처음에 가졌던 쉽게 녹아 없어져버릴 것 같았던 깨알 같은 눈송이 질문이 얼마나 크고 근사한 눈사람을 만들 수 있는지 많은 아이들이 경험하게 될 것입니다.

"모르는 길은 가기 싫어"라고 걱정부터 하는 아이보다는 어느 길로든 떠날 수 있는 준비가 되어 있는 아이가 되게 하려면 평소에도 100퍼센트 완벽한 여정을 정하지 않고 길을 떠나보는 경험이 있어야 합니다. 아이에게 열린 길, 열린 생각을 주려면 갈 길을 정해놓지 않고 떠나보는 여유가 필요하답니다.

아이의 엉뚱한 질문에 정답을 모를 때는 대충 상황을 넘기기보다는 바로 그 시간을 우리에게 주어진 자유로운 생각 여행의 기회로 만들어보세요. 분명 정답보다 더 가치 있는 것을 얻고 돌아오게 될 것입니다.

나만의 **금광석을 찾는 생각** 습관

볼수록 알아갈수록 새로운 면을 보여주는 양파 같은 사람들이 있습니다. 아이들의 생각도 양파처럼 벗기면 벗길수록 새롭고 독특한 경우가 많지요.

아이들의 생각은 대부분 처음에는 비슷비슷합니다. 하지만 하나의 문제에 대해 거듭해 생각하다 보면 생각의 고리들이 그물처럼 연결되어 처음과는 완벽하게 달라진 창의적인 결과물을 만들어낼 수 있습니다. 하지만 한두 번의 생각으로 멈추어버린다면 결과는 별반 다르지 않을 것입니다. 그런데도 우리는 '깊이'는 빼고 '생각하기'만을 하고 있습니다. 우리가 흔히 '사고력'이라고 말하는 것은 '깊이 생각하기'를 일컫는데 말이에요.

저는 남과 다른 독특한 생각을 얻는 과정을 지구를 파고 들어가는 것에 비유하곤 합니다. 조금씩 여기저기 들쑤셔 파헤치기만 한다면 지구 속 깊은 곳에 숨겨진 금광석을 발견하기는 어렵겠지요. 하지만 하나의 구멍만을 끈질기게 물고 늘어져 파고들어 간다면 남들이 미처 발견하지 못한 금광석을 발견할 수도 있습니다.

생각도 마찬가지예요. 구멍을 조금 파보고 다시 자리를 바꿔 다른 곳을 들쑤시기를 반복하는 사람들이 하는 생각은 남들도 다 할 수 있는 그저 그런 생각들뿐입니다. 여기서 나만의 생각을 찾아내려면 남들이 부딪쳐 포기해버린 암석대를 뚫어야 합니다. 이때가 바로 아이들이 "더 이상 생각 안 나요"를 외치는 때지요. 저는 그때마다 아이들에게 말합니다.

"남들이 다 찾은 것만 찾고 포기할 거니? 아니면 한 번 더 시도해서 남들이 찾아내지 못한 새로운 것을 보고 싶니? 대부분의 사람들이 발견한 그것을 넘어서야 나만의 금광석을 찾을 수 있어."

생각의 고리를 이어서 물고 늘어져 질문하고 고민하다 보면 분명 독특한 나만의 생각을 발견할 수 있습니다. 그러니 깊이 생각하는 습관은 창의적인 생각을 찾아낼 수 있는 가장 좋은 방법이지요.

우리 가족의 별명 짓기 수업을 한 적이 있었습니다. 《EQ의 천재들》

이라는 책에 나오는 여러 캐릭터들의 이름들을 살펴본 후 우리도 재미있는 새로운 별명을 만들어보자는 것이 수업의 목표였어요. 처음에는 아이들의 생각이 대부분 비슷비슷했습니다. 엄마는 '잔소리 양' 또는 '화내 양', 아빠는 '바빠 씨'나 '힘쎄 씨'.

저는 아이들에게 새로운 별명 만들기를 강조했습니다. 그러기 위해서는 처음의 별명을 다시 다듬고 또 다듬어 창의적인 단어를 찾아야 합니다. 툭툭 쏟아지는 생각들을 거리낌 없이 말할 수 있는 분위기를 만들기 위해 아이의 어떤 대답도 성의있게 최선을 다해 들어주려고 노력했지요. 리액션을 강하게 할수록 아이들은 재미를 느껴 더욱 질 좋은 생산물을 꺼내려고 합니다. '재미'라는 요소가 강할수록 아이들은 무엇인가에 대해 생각하기를 멈추지 않습니다. '재미'는 아이들의 생각을 자극하는 가장 중요한 요소랍니다.

지구를 파헤쳐 여러 층을 뚫고 들어가듯이 여러 번의 생각하기 과정을 거친 후에 만들어진 독특한 가족의 별명을 소개해볼게요.

• 엄마
으르렁 양 - 시험 문제를 하나라도 틀렸을 때 엄마의 표정
말 많아 양 - 잔소리하는 엄마
우겨 양 - 내 말은 듣지 않고 엄마 말만 할 때

• 아빠

술 없이 못 살아 씨

• 할아버지

꿈쩍 안 해 씨 - TV를 볼 때는 자세가 고정되어서

• 외할아버지

그렇다고 치자 씨 - 대답하기 귀찮아서 "그렇다고 치자" 라고 말하기

　　　　　　　　때문에

• 외할머니

모두 믿어 양 - 내가 거짓말을 해도 내 말을 모두 믿어주시기 때문에

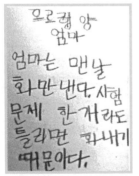

▲ 엄마 '으르렁 양'
- 반성해야 할 엄마의 모습을 별명으로 꼬집어냈습니다.

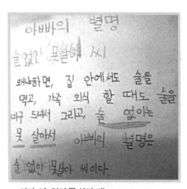

▲ 아빠 '술 없이 못 살아 씨'
- 아빠들이 꼭 들어보아야 할 별명입니다.

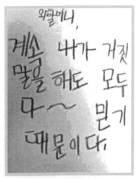

▲ 외할머니 '모두 믿어 양'
- 100퍼센트 손자 손녀의 편인 외할머니의 마음이 느껴집니다.

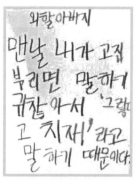

▲ 외할아버지 '그렇다고 치자 씨'
- 외할아버지의 속마음을 눈치 챈 아이의 마음을 알 수 있습니다.

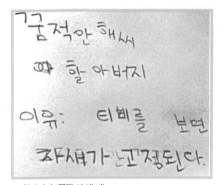

▲ 할아버지 '꿈쩍 안 해 씨'
- 아이의 관찰력이 돋보이는 별명입니다.

'키스 해링' 그림 보고 이야기 구성하기

예술 작품은 보는 사람의 경험이나 생각을 통해 재해석될 수 있습니다. 책을 읽고 생각을 자극하는 방법 외에도 그림을 재해석하는 활동을 통해 다른 생각 찾기를 해볼 수 있어요. 아이들과 함께 키스 해링(Keith Haring)의 그림을 보고 이야기를 구성하거나 사회적 이슈와 연결시켜 그림을 재해석하는 활동을 해보았습니다.

3 친구
두친구가 있었다 두친구는 공전을 꼬려
고 줄을 섰는데 먼저 왔다고 싸웠다.
다음날 두친구가 사과를하고 손을잡
으며 이야기를 나눴였다

5 비밀 말하기
둘에서 자기가 좋아하는 사람이 누구인지
말하기로 했는데 다른 한 사람은 볼
에웠는 사람의 비밀을 잘 말 까는 사
람이라서 걱정 하였다

7 도둑
한 도둑이 물건을 홈치고 달아 나면서
사리들이 불격결에서 골목에서 넘겨 모도런
뒤 가꼬 왔다 그러다가 골목뒤에서 지켜보
큰 사람이 "도둑이야" 하는 바람에 도둑의
멀굴이 빨게졌다

자신의 생각을
표현하는
창의적인 글쓰기

4장

미운 오리 새끼도
백조 되는 글쓰기

"다다다다! 딱!"

뒤돌아볼 틈도 없이 급하게 글을 쓰고 나서 아무런 미련 없이 연필을 책상 위에 내려놓습니다. 처음 글을 쓰러 온 아이들 열이면 열 모두 이런 모습으로 글을 씁니다. 무엇에 쫓기는지 자신의 글을 되돌아볼 생각 따위는 절대 하지 않아요. 아이들은 자신의 글이 마치 활시위를 떠나 다시 돌아올 수 없는 화살이라고 생각하는 것 같습니다.

이렇게 아이들이 단숨에 써내려간 글을 읽고 있자면 아쉬운 문장들이 많이 눈에 띕니다. 한 번만 다시 살펴보았다면 찾아낼 수 있었을 작은 실수들이 글 속에 그대로 버려져 있는 경우가 다반사입니다.

글 속에서 아이들이 가장 많이 하는 실수는 크게 두 종류가 있어요.

첫째, 문법적으로 오류가 있는 경우와 둘째, 내용상의 논리성이 없어서 뜬금없는 엉뚱한 글이 되어 버린 경우를 들 수 있습니다.

문법적으로 오류가 있는 경우에는 자신의 글을 소리 내어 읽어보면 대부분 스스로 고칠 수 있습니다. 문법적으로 어색한 문장을 쓰는 습관이 있는 아이들일수록 분명히 읽고 고쳤다고 하는데도 다시 읽어보면 빠진 글자며 어색한 문장들이 숨어 있다가 다시 나타나곤 합니다. 분명히 썼다고 생각한 글자가 빠져 있거나 앞뒤 문장의 연결이 어색해 도통 이해되지 않는 경우도 부지기수로 나타나지요.

이런 때 저는 "유치원 다니는 동생에게 내가 쓴 글을 보여준다고 생각하고 다시 읽어볼까? 유치원 동생들도 이해할 수 있도록 차근차근 쓴 글이라면 아주 좋은 글이야"라고 이야기합니다. 아이들은 곧 다시 자리에 앉아 천천히 자신의 글을 읽어보고 문법적 오류를 바로잡습니다.

글자를 빠뜨리는 등의 사소한 문법적 오류는 저학년 아이들의 경우에 많이 발견할 수 있습니다. 고학년으로 올라갈수록 독서량이 부족해 뜻이 반복되는 문장이 많고 또 내용상의 연결이 없이 뚝뚝 끊어진 문장을 쓰는 친구들이 많고요. 게다가 앞뒤 문장의 논리적인 흐름이 부족해 엉뚱한 글이 되어버리거나 사례로 들은 이야기가 본래 하려는 이야기와 맞지 않아 보는 사람들에게 엉뚱하다는 느낌을 들게 하는 경우도 있습니다.

아이 스스로 읽고 어색한 부분에 필요한 단어를 찾아보게 하는 것은 글쓰기에서 꼭 필요한 과정입니다(초등 2학년).

검토하기 전의 글은 생략된 단어들 때문에 이해하기 어려운 문장이었지만, 자신의 글을 다시 꼼꼼히 읽어가며 필요한 단어를 추가하고 나니 퍼즐 맞추듯 내용이 다시 살아났습니다(초등 2학년).

그런 경우 아이가 글 속에서 전하려는 생각은 글과 어울리지 않는 '미운 오리 새끼'가 되어버립니다. 이는 글을 쓴 아이가 자신의 생각을 중간에 생략하지 않고 차근차근 글로 옮기는 힘이 부족해서 읽는 이들을 이해시키지 못해 생기는 실수지요. 이때도 글을 쓰고 난 후 검토하는 과정을 거쳤다면 미운 오리 새끼 같기만 했던 엉뚱한 문장이 아름다운 백조가 되어 글을 빛나게 해줄 수 있었을 것입니다.

왜 아이들은 자신의 글을 다시 한 번 읽어보고 다듬고 다듬어 매끄러운 글로 만들 생각을 못하는 걸까요?

일단 써버리면 그것으로 끝인 아이들을 보면 글을 쓰는 기계 같다는 생각이 듭니다. 한 번만 다시 읽어봐도 "아!" 하는 소리와 함께 지우개를 찾아 바쁘게 손이 움직이게 될 것을 말이에요. 아이들은 그 일을 선생님이 해야 할 일, 아니 엄마가 해야 할 일이라고 생각하고 미루어버리는 것을 당연하게 여깁니다.

저는 아이들에게 글은 곧 자신의 얼굴이라고 말합니다. 잘생기고 못생기고를 떠나서 얼굴은 그 사람을 대표하는 이미지입니다. 얼굴을 보면 그 사람이 어떤 사람인지를 알 수 있어요. 마찬가지로 그 사람이 쓴 글에서 그의 생각이 온전히 드러납니다. 그래서 거울을 들여다보고 매무새를 단정히 하듯이 완성된 글도 꼼꼼히 살펴야 한다고 강조하지요.

우리가 세수를 하고 얼굴에 무엇이 묻었는지 머리는 단정한지 살피기 위해 거울을 보는 것처럼 당연히 글에도 거울을 보여주어야 해요. 그런데 정작 자신의 얼굴과도 같은 글을 남에게 보여줄 때는 거울을 보듯 꼼꼼히 살피지 못하고 있습니다. 아이들은 일단 글쓰기를 마치기만 하면 끝이라고 생각해요. 그래서 고민을 거듭하여 생각을 표현하고, 자신이 쓴 글을 다시 되돌아볼 생각은 하지 못하는 것이지요.

어찌 보면 "틀린 부분 찾아 주세요" 하며 손 내미는 아이들의 행동을 탓할 수만도 없는 노릇입니다. 늘상 공부한 내용에 대해 시험을 보고 채점을 받는 것에 익숙한 아이들 입장에서는 그런 습관이 들어버린 것이 당연한 일일 수도 있어요.

아이에게 수학 시험을 보고 난 후에는 습관처럼 검토하라고 말하는 엄마들도 글을 쓰고 나서 검토하라고 말하는 경우는 드뭅니다. 엄마들조차도 글을 쓴 후에는 엄마가 검토해주는 것이 당연하다고 생각하는 것 같아요. 그러나 엄마가 대신 해주는 검토는 평생이 가도 아이의 글쓰기 실력을 향상시키지 못합니다.

아이들 스스로 다시 읽고 교정하려는 마음만 있다면 미운 오리 새끼가 되어버린 글이라도 다시 백조로 태어날 것이 분명합니다.

MORE **TIP**

아이들이 많이 하는 글쓰기 실수

① 어! 글자가 어디 갔지? : 아이들의 머릿속에서는 썼다고 생각하는 단어가 글 속에는 마구 마구 빠져 있습니다.

② 문장을 언제 끝낼지 몰라! : 문장이 언제 끝나는지 알 수 없어요. '~하고' '~하고' '~해서' 로 몇 개의 문장이 끝없이 이어져 있습니다

③ 왜 또 나와? : 문맥의 흐름과는 상관없이 '그런데' 라는 접속사가 무한 반복되어 있습니다.

④ 아까 했던 말인데! : 분량을 늘이는 데만 집중하다 보니 앞의 단락에서 했던 말을 또 다시 하고 있어요.

⑤ 에고, 어지러워라! : 사건의 순서를 뒤죽박죽 섞어놓아 뒤엉켜버린 글입니다.

▲ 맛있었던 음식이 '살로판 막대기로 머리를 맞은 듯하다'는 문장을 추가하자 살아 있는 글로 바뀌었습니다(초등 2학년).

▲ 사진을 잘 보고 싶고 싶은 바람을 담은 평범한 글이 선생님께 드리는 기도의 내용을 구체화시키면서 기억에 남는 글로 변신했습니다(초등 2학년).

글의 **구조는** 물고기를 닮게

좋은 글은 글의 초점과 구조가 명확하게 보이는 글입니다. 두서없이 횡설수설하는 글을 읽을 때면 앞뒤로 몇 번을 오가며 내용을 짜맞춰 읽어야 하는 불편함이 있어요. 이런 불편한 글을 쓰지 않기 위해 글을 처음 쓰는 아이들에게도 글의 구조에 대해 알려줄 필요가 있습니다. 어떤 모양새의 집을 지을 것인지 외관의 모습을 미리 알고 짓는다면 안정적인 집짓기를 하는 데 도움이 되기 때문입니다.

어느 책에선가 물고기와 글을 비유한 내용을 보았어요. 내용을 보면서 "나랑 같은 생각을 가졌네" 하고 고개를 끄덕였던 기억이 납니다. 그 책에서는 연상하기에만 그쳐 아쉬웠지만, 저는 수업시간에 물고기와 글의 구조를 자세히 비교해 아이들의 이해를 돕기로 했습니다.

"글은 물고기를 닮아야 해."

뜬금없는 제 말에 처음에는 아이들이 피식 웃어버립니다. 하지만 설명이 더해질수록 차차 "아!" 하는 소리를 내며 이해하는 눈빛이 비치기 시작합니다.

"물고기는 머리, 몸통, 꼬리로 이루어져 있어. 머리보다는 몸통이 크고 꼬리지느러미도 머리 크기 정도야. 그렇지?"

여기까지는 대부분의 아이들이 쉽게 이해합니다.

"우리 글에도 머리와 몸통과 꼬리지느러미가 있어야 해. 머리에는 눈과 입이 있잖아. 글에도 첫머리 부분에 내 눈으로 본 첫인상이 있어야 하는 거야. 내가 쓰려고 하는 상황이나 책에 대한 첫인상 말이야. 가령 나로호 발사에 대해서 쓰려고 한다면 발사 장면에 대한 실감나는 표현으로 글을 시작해도 좋아."

글의 시작을 어떻게 할까 두려워서 수업시간의 절반은 죄 없는 노트만 노려보는 아이들도 많습니다. 그런 때는 우선 내 눈에 처음 보인 그 상황에 대한 묘사로 시작하는 것도 좋은 방법입니다.

"물고기의 몸통 부분은 어때야 할까? 등뼈만 앙상한 물고기보다는 등뼈에 잔가시와 부드러운 살점이 적당히 있는 물고기가 요리했을 때 더 맛있겠지?

우리 글도 마찬가지야. 물고기의 등뼈가 우리가 이야기하려고 하는 중심 내용이라고 생각해봐. 그럼 중심 사실에 대한 우리의 의견들이 잔가시가 되는 거고. 잔가시마다 적당히 붙은 부드러운 살들은 뭘까? 우리 의견을 뒷받침하는 비유나 예시들이 되는 거야. 부드러운 살이 많아야 더 먹고 싶은 건 당연하겠지?

거기에 감칠맛 나는 나만의 소스까지 묻힌다면 요리가 더 독특한 맛을 내겠지. 감칠맛 나는 소스는 글에서 더욱 효과적으로 우리의 생각을 전달할 수 있어. 문장 속에 흉내내는 말들을 사용해서 실감나는 표현을 쓰는 거라고 할 수 있지.

이때 사실만 잔뜩 있고 그 사실에 대한 자신의 생각이나 그것을 뒷받침하는 나만의 비유들이 없다면 아마 너무 딱딱하고 지루한 글이 되고 말 거야. 바로 뼈만 남은 딱딱한 생선을 요리한 경우지. 그런 생선 요리는 누구도 먹고 싶지 않을 거야.

또 하나 중요한 것이 글에서 본문의 양이 물고기의 몸통처럼 머리와 꼬리지느러미보다는 훨씬 많아야 한다는 거야. 읽을거리도 없이 본문의 양이 적어버리면 물고기의 모양이 너무 우스워지고 말아.”

물고기에 비유해 글의 구조를 설명하면 아이들이 이해하기 쉬울 뿐 아니라 생생하고 실감나는 표현 덕분에 설명하는 내내 아이들이 집중해서 교실은 숨죽은 듯 조용합니다.

"자, 이제 마지막 꼬리지느러미에 대해서 이야기해보자. 꼬리지느러미는 물고기한테 가장 중요한 부분이야. 물고기를 앞으로 나가게 하는 힘은 꼬리지느러미를 힘차게 흔들어야 생기지. 그런데 이 꼬리지느러미가 작고 힘없이 움직인다면 물고기는 어떻겠니?

우리 글의 맺음말도 물고기의 꼬리지느러미를 닮아야 해. 글 본문의 내용을 맺음말에 다시 강조하며 힘 있게 마무리를 해주는 거야.

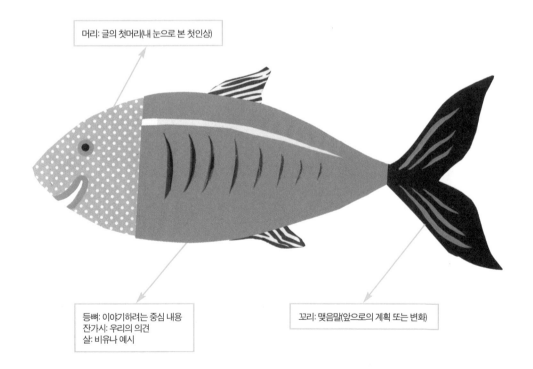

머리: 글의 첫머리(내 눈으로 본 첫인상)

등뼈: 이야기하려는 중심 내용
잔가시: 우리의 의견
살: 비유나 예시

꼬리: 맺음말(앞으로의 계획 또는 변화)

맺음말은 꼬리지느러미처럼 우리에게 앞으로 나가게 하는 힘을 주는 거야. 그러니까 글의 중심 내용 이후에 앞으로 우리의 계획이나 변화들을 강하게 표현해주면 돼.

이때 꼬리지느러미가 화려할수록 오래 기억에 남는 것처럼 맺음말에도 독특한 비유나 상징적인 표현들이 있다면 우리 글이 더 오래 기억에 남을 거야."

높은 고층 건물일수록 잘 짜여진 설계도에 따라 지어야 하고, 그렇게 지어진 건물이 안전합니다. 마찬가지로 아이들의 글도 탄탄한 구조로 잘 짜여진 정돈된 글이 되기를 원한다면 물고기의 구조를 흉내내어 글을 쓰게 해보세요.

글쓰기가 **만만해지는** '공통점 찾기'

엄마들 대부분이 우리 아이가 독특한 생각이 담긴 창의적인 글을 쓰기를 바랍니다. 이런 엄마들에게 아주 쉽게 적용할 수 있는 방법을 소개할게요. 한마디로 말해 '공통점을 찾아가는 글쓰기' 입니다.

사전에서 '공통(共通)' 이라는 단어를 찾아보면 '둘 또는 그 이상의 여럿 사이에 두루 통하고 관계됨' 을 의미합니다. '두루 해당되고 관계된다' 는 말을 다시 살펴보면, 어떤 생각의 실마리를 찾는 일을 관계를 찾아내는 작업이라고 할 수 있을 거예요. '공통점 찾기' 는 관계를 찾아내는 작업으로, 일상생활에서도 자연스럽게 시도해 생각을 확장시킬 수 있는 방법입니다.

자신이 겪었던 사건과 어떤 사물 간의 관계를 찾아가는 과정에서 아이는 경험했던 일에 대한 자신의 생각과 느낌을 보다 잘 전달할 수 있게 됩니다. 아무런 관계도 없었던 사물을 끌어와 그 일과 사물의 관계에 대해 설명할 수 있다면 그 글은 누구의 글도 아닌 아이만의 창의적인 생각이 살아 있는 글이 될 수 있습니다. 이렇듯 글쓰기에 자신이 없는 엄마라도 '공통점 찾기'를 통해서 자연스럽게 아이의 생각을 끌어내 개인적인 경험에서 우러나오는 독특한 생각들을 글 속에 담을 수 있어요.

'스키장에 밤에 도착해 눈에 보인 풍경이 정말 예쁘다'는 내용의 글을 쓴 아이가 있었습니다. 그런데 다시 공통점 찾기를 한 후에 아이는 다른 글을 썼습니다.

'스키장의 반짝이는 불빛이 크리스마스 트리에 반짝거리는 전구처럼 아름답게 보였다.'

첫 번째 글의 경우에는 '스키장의 불빛'에서 더 이상 생각의 확장이 일어날 수 없었습니다. 하지만 두 번째 경우에는 자신이 과거에 크리스마스 날 보았던 트리의 전구 빛과 야간 스키장의 환한 전구 빛의 공통점을 찾아 생각의 확장이 일어났음을 알 수 있습니다. 크리스마스 날의 화려함과 흥분된 분위기를 연상할 수 있어서 직접 경험하지 못한 사람이라도 야간 스키장의 화려함과 스키를 타는 사람들의 즐거움을 충분히 공감할 수 있는 글이 되었지요.

'나는 무척 우울했다' 는 내용의 글을 쓴다고 가정해볼게요. 공통점 찾기 후 아이의 글은 '내 마음속으로 태풍이 들어오려는 것처럼 내 기분은 점점 우울해졌다' 라고 수정되었습니다. 아이가 겪었던 태풍이 오기 직전의 어둡고 침침한 하늘의 색깔이 전달되어 지금의 우울함을 좀 더 구체적으로 표현할 수 있었습니다.

'어젯밤에 핸드폰 게임을 하느라 잠을 못 자 오늘은 내 몸이 이상하다' 라는 내용의 글을 쓴 아이가 있었어요.

"몸이 어떻게 이상했는지 설명할 수 있겠니? 그냥 이상하다고만 하니 공감하기 어려운걸. 오늘과 같은 기분을 느꼈던 날이 언제 또 있었는지 생각해볼래? 오늘과 같은 기분이었던 그날과 오늘 내 몸의 공통점을 찾아 연결할 수 있다면 쉽게 설명이 되지 않을까?"

그러자 그 아이는 이렇게 글을 다시 썼습니다.

'밤을 새우고 난 후에 내 몸은 힘이 빠지고 몸이 말을 좀 안 들었다. 어딘지 긴 여행을 다녀온 느낌이다. 정신이 어떻게 되기라도 한 것처럼 어지럽기도 했다.'

'긴 여행' 이라는 단어 하나가 추가되면서 밤을 새우고 난 뒤 몸의 노곤함이 더욱 잘 전달되었습니다. 이렇게 공통점을 찾아 연상하는 일에 익숙해지게 되면 글쓰기를 어렵게만 생각하는 마음속의 무거운 돌덩이를 절반쯤은 날려버릴 수 있을 거예요.

공통점 찾기는 독후감을 쓸 때도 적용하기를 권합니다. 책 속의 인물이 느낀 감정과 내가 느끼는 감정의 공통점 찾기, 즉 공감을 찾아가는 방법도 같은 맥락의 글쓰기이기 때문입니다. 주인공의 생각과 행동에서 내가 공감하는 부분을 찾기 위해서는 나의 경험을 뒤적이는 과정이 필요합니다. 주인공과 공통되는 감정이나 행동을 경험했던 일을 떠올려보며 그때의 나와 주인공을 비교하는 것만으로도 독후감 쓰기의 크고 무거운 짐을 덜 수 있습니다.

쉽고 단순한 공통점 찾기를 통해 골칫거리였던 독후감 쓰기가 즐거운 활동으로 탈바꿈할 수 있기를 바랍니다.

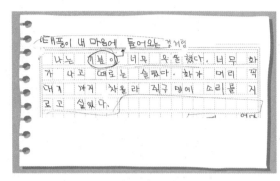

태풍이 내 마음에 들어오는 것처럼

나는 (기분이) 너무 우울했다. 너무 화가 나고 때로는 슬펐다. 화가 머리 끝까지 차올라 지구 밖에 소리를 지르고 싶었다.

◀ 우울한 마음을 태풍으로 연상했습니다(초등 2학년).

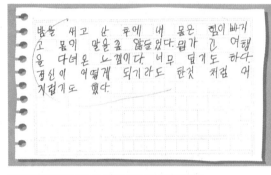

밤을 새고 난 후에 내 몸은 힘이 빠지고 몸이 많은 좀 앓들었다. 뭔가 긴 여행을 다녀온 느낌이다. 너무 덥기도 하다. 정신이 어떻게 되기라도 한것 처럼 어지럽기도 했다.

◀ 밤을 새우고 난 후 힘이 빠진 모습을 여행 후의 느낌과 비교했습니다(초등 2학년).

< 일기에는 생각이 없으면 반쪽쓰기다.
내가 선생님이 된다면 공부를 할때 최대한쉽게 자세하게 설명해줄거다. 아이들이 떠들때도 소리지르지않고 칠판에 적어서 조용히 조용히시킬거다. 그리고 질문을하면 명확하게 답해줄거다. 공부에 흥미를 가질수있게 만들기도 해줄거다. 그럼 나도 재미있어서 더 좋겠지?
숙제는 조금내줄거지만, 검사는 아주 꼼꼼히 할거다. 그래야지 소가된 게으름뱅이에 나오는 게으름 뱅이가 안될테니까. 일기의 주제는 마음대로고 생각이 많이들어가 있어야 한다. 내가만약선생님이 된다면 제일 먼저 일기는 짧아도되지만 생각은 우리주위의 공기 처럼 일기 속에 꼭 들어가야 한 다는것을 말해주고싶다.

◀ 소가 된 게으름뱅이와 공기를 이용해 일기에 생각이 쓰여야 함을 독특하게 표현했습니다(초등 3학년).

140

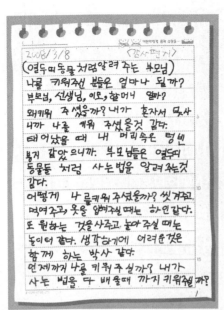

2008/3/8 〈감사편지〉

(열두 띠 동물 처럼 알려 주는 부모님)
나를 키워주신 분들은 얼마나 될까?
부모님, 선생님, 이모, 할머니 열까?
왜 키워 주셨을까? 내가 혼자서 못사
니까 나를 키워 주셨을 것 같다.
태어났을 때 내 머리속은 텅빈
봉지 같았으니까. 부모님은 열두띠
동물들 처럼 사는 법을 알려 주는것
같다.
어떻게 나를 키워 주셨을까? 씻겨주고,
먹여 주고, 옷을 입혀주실 때는 하인 같다.
또 원하는 것을 사주고 놀아 주실 때는
놀이터 같다. 생각하기에 어려운 것은
함께 하는 박사 같다.
언제까지 나를 키워 주실까? 내가
사는 법을 다 배울때 까지 키워 주실까?

◀ 부모님과 열두 띠 동물의 공통점을 찾
아 표현하고 있습니다(초등 1학년).

7/28
〈매년 7/28일은 보들이 되는날?〉
최악의 날이다. 엄마 말을 귀담아듣지 않아서
저녁까지 엄마 학원에 지겹게 있어야
했다. 그뿐 만이 아니다. 아침에는 삼겹 살볶음을
먹겠냐고 물었을 때 삼계탕으로 잘못 들어
싫다고해서 수제비를 먹었다. 후회가 됐다.
나의 오늘 모습이 꼭 읽기 교과서에 나왔던
보들 같았다. 보들은 하느님의 말을 귀담아듣지
않았고 뱀이 되서야 후회를 했기 때문이다.
이제부터 매년 7/28일은 '보들이 되는날'이
될것 같다. 앞으로 보들이 되기 싫으면
사람 말을 귀담아들어야 겠군.

◀ 자신의 하루를 돌아보고 보들과 공통
점을 찾아 '보들의 날'을 만들겠다는
생각이 기발합니다(초등 3학년).

독후감 쓰기, 어떻게 지도할까?

독후감은 어렵게 생각하면 한없이 어렵지만 쉽게 생각하면 한없이 쉬운 글입니다. 말 그대로 책을 읽은 후에 감상을 쓰면 되니까요. 저는 책을 읽고 감상을 쓰는 것도 일기 쓰기에서 내 생각을 쓰는 것과 크게 다르지 않다고 생각합니다. 일기가 자신에게 있었던 일에 대한 생각을 쓰는 것인 데 반해 독후감은 책 속에서 있었던 사건에 대한 자신의 생각을 솔직하게 찾아내면 되는 것입니다.

감상을 쓰려면 어떻게 해야 할까요? 전문가가 아니라도 할 수 있는 몇 가지 방법을 소개하겠습니다.

첫째, 책 속 주인공의 경험 속에서 나의 경험 찾기.

둘째, 주인공이 느낀 감정에서 나와 공통된 감정 찾기.

셋째, 주인공의 행동에서 나의 생각 찾기.

넷째, 사건을 해결하는 나만의 방법 찾기.

다섯째, 글 전체에 흐르고 있는 메시지 찾기.

구슬도 꿰어야 보배라고 하지요? 감상을 찾고 난 후 그것을 보기 좋게 만들려면 구조화된 글을 쓸 수 있는 형식도 알아야 합니다. 독후감의 구조도 물고기의 구조와 비슷해요. 책의 제목이나 표지를 본 느낌과 제목에서 떠오르는 나의 경험이나 배경지식들로 글의 머리를 시작하면 됩니다.

글의 본문에서는 물고기의 몸통에 한 개의 등뼈와 여러 개의 잔뼈가 있는 것처럼 책 전체의 줄거리를 한마디로 간추려 표현합니다. 그리고 여러 개의 인상적인 장면들을 시간의 순서대로 풀고 거기에 자신의 생각과 느낌을 구체적으로 씁니다.

글의 맺음말은 물고기를 움직이게 하는 꼬리지느러미의 역할과 같습니다. 책이 나를 어떻게 변화시키고 움직이게 했는지에 대해 진실하게 표현하면 됩니다.

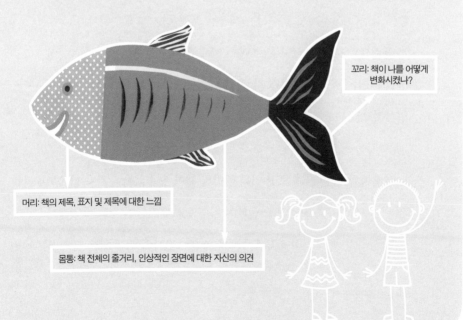

꼬리: 책이 나를 어떻게
변화시켰나?

머리: 책의 제목, 표지 및 제목에 대한 느낌

몸통: 책 전체의 줄거리, 인상적인 장면에 대한 자신의 의견

사과 한 알도 다양하게 표현하는 입체적 사고

글을 쓸 때 아이들의 가장 큰 불안은 '어디까지 채워야 할까?' 입니다. "선생님 몇 장 써요?" "몇 줄 남아도 되죠?" "다섯 쪽을 어떻게 써요?" 글을 시작하기도 전부터 아이들은 분량을 어떻게 채워야 하나 하는 생각뿐이지요. 그러니 무슨 내용으로 글을 쓸 것인지에 대한 충분한 생각 찾기는 벌써 잊어버린 지 오래입니다. 쓰려는 소재에 대해 충분히 입체적으로 관찰하고 생각하다 보면 분량은 자연스럽게 채워지게 되는데, 그것을 모르니 마음만 급하고 선생님만 원망스러워지지요.

아이들의 글을 읽다 보면 머리를 박박 쥐어짜며 없는 생각을 만들어 낸 글인지, 생각의 고리가 연결되어 자연스럽게 다양한 방향에서 생각을 확장시켜 쓴 글인지 쉽게 알 수 있습니다. 전자의 경우 읽는 저도 부담스럽고 글의 빡빡함이 느껴져 거북하지만, 후자의 경우에는 술술 읽혀지고 절로 고개가 끄덕여집니다.

두 경우의 다른 점은 바로 '생각하기' 의 차이입니다. 쥐어짜며 쓴 글은 생각을 한 방향으로만 단편적으로 펼치고 있지만, 소재에 대해서 다양한 방향으로 생각의 가지가 펼쳐져 있는 글은 자연스럽게 분량을 채워가고 있을 것입니다.

하나의 물건을 관찰해서 글을 쓸 때의 예를 들어볼게요. 어떤 아이는 소극적인 자세로 앞면만을 관찰한 평면적인 모습을 겨우 씁니다. 하지만 다른 아이는 적극적으로 그 물건을 다양한 시각에서 입체적으로 관찰한 모습을 글을 씁니다. 어떤 글이 더 많은 생각을 담고 더 많은 분량을 채워갈 수 있을까요?

또한 같은 물건이라도 입체적으로 관찰한 아이는 단면만 본 아이보다 그 물건에 대해 새로운 사실을 발견하기도 더 쉬울 것입니다. "이 물건의 내부는 왜 이렇게 만들었을까?" "이것은 어떻게 쓰일까?" 등등 이런 질문들이 적극적으로 생겨나 점점 남과 다른 생각들로 가득 찬 나만의 글이 탄생하게 되는 것입니다. 그래서 물건을 관찰할 때는 앞 뒤 위 아래 옆은 물론이고 내부도 살펴봐야 합니다. 거꾸로 뒤집어도 보고 만져도 보고 접어도 보면서 여러 방향에서 다양한 방법으로 관찰해야 하는 것이지요.

이러한 관찰력을 생각하는 방법에도 적용해보세요. 생각이 훨씬 자유로워짐을 느낄 수 있습니다. 글의 소재에 대해 누구나 일차적으로 보는 당연한 사실과 그 이유, 느낌 찾기만을 한 글에서 더 나아가 사실을 거꾸로 추측하고 속마음을 들여다보고 입장 바꾸어 생각해보기를 하는, 생각을 확장시킨 글을 쓴다면 그 글은 독특한 관점이 살아 있는 글로 변신할 것이 틀림없습니다.

사과 한 알에 대해 '빨갛고 동그랗다'고만 쓴 글이 있습니다. 겉모습만을 관찰한 글이지요. 또 '사과 한 알은 빨갛고 동그랗고 툭 치면 굴러가기도 할 것 같다'라고 쓴 글이 있습니다. 이 글은 가설과 추측을 함께 하려고 노력한 글입니다.

'사과 한 알은 빨갛고 동그랗고 위에 꼭지가 있고 밑에는 움푹 패인 홈이 보인다'고 쓴 글도 있습니다. '움푹 패인 홈은 무엇일까?'라는 궁금증을 만들어 그 궁금증을 해결하기 위해 움푹 패인 홈에 대해 추측하고 홈과 연결된 보이지 않는 사과 속을 상상해볼 수 있게 합니다. 이 글에는 가설, 추측 그리고 원리적인 사고가 들어 있습니다.

다양하게 입체적으로 사고하는 아이의 글은 이렇게 생각이 끝없이 확장되고 남과 다른 시각을 가지게 됩니다. 아이들에게 글을 쓰기 전에 여유 있게 다양한 관점에서 생각할 시간을 주어야 하는 이유가 바로 여기에 있습니다.

▲ 식물에 물을 줄 때의 모습과 재미가 잘 드러나며 식물의 마음을 상상해 아이다운 소리로 표현했습니다(초등 1학년).

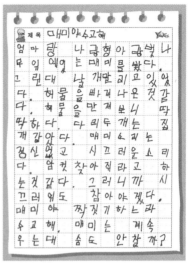

▲ 매미를 관찰하고 매미의 입장이 되어 보니 목이 아플 것 같다는 생각이 독특합니다(초등 1학년).

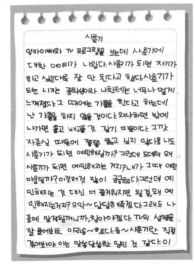

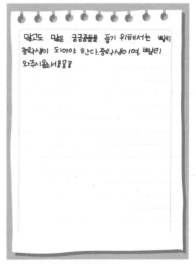

▲ 사춘기에 대한 호기심과 기대감, 불안감 등 여러 감정이 잘 표현되었습니다(초등 3학년).

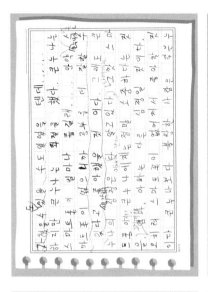

▲ 핸드폰을 사이에 두고 벌어진 큰누나와 아빠와의 다툼을 소재로 핸드폰에 대한 나와 작은누나의 입장이
솔직하게 표현되었습니다(초등 3학년).

제목:너무 억울해?

(아이의 손글씨)

▲ 부모님께 혼이 난 속상함과 억울함을 표현하고, 자신의 입장을 이해해주지 못하는 엄마 아빠에게 바라는 마음까지 이야기했습니다(초등 3학년).

비행히케이 형 에게

(아이의 손글씨)

▲ 뻔한 격려의 이야기가 아닌 어린이의 노동력 착취에 대한 사회 비판 시선이 드러나 있습니다(초등 2학년).

<개학식은 너무 싫어>

(아이의 손글씨)

▲ 개학식에 지각하는 모습이 재미있게 표현되었습니다. 지각한 아이를 당황시키는 선생님의 배려 없음에 아이다운 충고까지 곁들였습니다(초등 3학년).

▲ 아빠의 문제 해결 방법에 대해 솔직하게 자신의 생각을 표현하고 아이다운 다른 방법을 알려주고 있습니다(초등 1학년).

좌뇌로 생각하는 아이, 우뇌로 생각하는 아이

글쓰기 지도를 7, 8년 해오면서 이제 제법 실전에서 쌓인 몸으로 터득한 지혜들이 생기는 것 같습니다. 그간의 경험을 통해 알게 된 것은 아이들마다 생김새가 다르듯이 신기하게 글의 성격도 다르다는 사실입니다. 어찌 생각해보면 당연한 일이기도 합니다. 이렇듯 아이들의 다른 점을 알고 인정하는 일은 아이를 지도하는 데 있어서도 중요해요. 참아낼 수 있는 인내심과 기다릴 줄 아는 내공을 갖게 하기 때문입니다.

저는 현장에서 아이들을 직접 지도하면서 어떤 아이에게는 쉽게 적용되는 글이 다른 아이에게는 너무나도 어려운 방향의 글이 될 수도 있다는 사실을 알게 되었습니다. 그것은 아이들이 생각하는 방식(즉, 우뇌로 생각하는 아이와 좌뇌로 생각하는 아이, 양쪽 뇌를 이용해 생각하는 아이)

에 따라 글이 달라지기 때문입니다.

좌뇌우세형, 우뇌우세형 이론은 미국의 로저 W. 스페리가 밝혀낸 것으로, 이론에 따르면 좌뇌우세형은 객관적 판단에 능하고 논리적으로 문제를 해결하고자 하는 성향이 강하다고 합니다. 반면 우뇌우세형은 주관적인 판단이 강하고 문제를 감성적으로 받아들이는 편이라고 해요. 각각의 성향에 따라 글쓰기도 달라지는데 지금부터 그 차이에 대해 살펴보겠습니다.

망원경 같은 시야를 가진 좌뇌형 아이의 글쓰기 :)

좌뇌로 생각하는 아이의 글은 한마디로 재미가 없습니다. 뚜렷한 초점도 보이지 않고 흘러가는 시간의 나열만을 보여줍니다. 그것도 섬세한 설명도 없이 대충대충 여러 사건들의 윤곽만 쓰다가 끝나버려요. 일반적으로 좌뇌아는 우뇌아에 비해 꼼꼼한 관찰력이 부족합니다. 따라서 글 속에서도 망원경 같은 눈으로 먼 곳을 응시하듯 글을 쓰는 것입니다.

또한 좌뇌로 생각하는 아이들은 분류하기를 잘하고 논리적으로 생각하는 것을 즐깁니다. 글을 쓸 때도 상당히 사실적으로 분류하고 논리적으로만 글을 전개하기 때문에 감성적인 재미 요소는 찾기 어려운 경우가 많지요.

좌뇌형 아이의 글쓰기는 어떻게 지도해야 할까요? 좌뇌형 아이들에게는 글을 쓰기 전에 먼저 쓸 이야기에 대해 이미지를 그려보라고 주문해야 합니다.

"우선 쓰려고 하는 장면을 생생하게 머릿속에 떠올려보자. 얼굴 표정도 몸의 자세도 모두 떠올려야 그림으로 그릴 수 있어. 웃는 모습을 그릴 때는 먼저 내 눈과 입의 모양을 생각해봐야겠지? 떨리는 모습을 그릴 때도 내 입과 눈의 모습을 떠올려봐. 어때? 그림을 그리다 보니 더욱 세밀하게 장면을 떠올리게 되지 않니?"

머릿속으로 그리든 직접 종이에 그리든 상관없습니다. 이미지를 그리다 보면 자신의 섬세한 표정이나 감정, 행동 등을 세심하게 들여다보게 되지요. 이 과정을 통해 '열심히 달렸다' 라는 일반적인 표현이 '내 발이 땅을 세게 두드리듯이 열심히 달렸다' 라는 구체적인 표현으로 바뀔 수 있습니다. 또 자신의 눈에 보인 주변 모습에 대해서도 그릴 수 있어요.

아이의 그림이 세밀하지 못할 때는 엄마가 그림을 보며 아이가 무엇을 그리려고 했는지 찬찬히 질문을 해주어야 합니다. 대충 윤곽만을 표현한 그림이라면 그때 자신의 기분이 얼굴에 나타나도록 그려보게 하고, 주변 분위기에 대해서도 아이가 생각해볼 수 있게 질문을 해주면 좋아요. 또 감정을 행동으로 드러내 보이는 표현을 할 수도 있습니다. 예를 들어, '억울한 마음에 주먹을 꼭 쥐었다' '긴장이 되서 심장이 쿵쾅거리는 소리가 들리는 것 같았다' 등 다양한 방법으로 감정을 표현하도록 유도해야 합니다.

좌뇌아는 그 특성상 사건의 나열만을 건성으로 써버리기 쉽습니다. 따라서 이야기하고 싶은 내용의 초점을 잘 찾아서 그 초점에 대해 섬세하면서도 자유롭게 표현하게 하기 위해서는 엄마의 질문이 중요한 역할을 합니다.

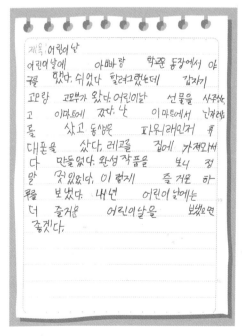

◀ 어린이날에 했던 야구와 마트에서 선물을 산 일을 초점 없이 나열만 한 글입니다. 장면에 대한 구체적인 묘사가 필요합니다. 큰따옴표(" ")나 작은따옴표(' ')를 이용한 인용이나 흉내 내는 말 등을 활용한다면 더욱 실감나는 표현을 할 수 있습니다(초등 2학년).

함께 책읽기를 하면서 재미난 감정 표현이 보이는 문장이나 다양한 방법으로 분위기를 묘사하는 문장이 보이면 아이에게 다시 한 번 그 표현에 대해 칭찬해주는 것도 좋은 방법입니다.

MORE **TIP**

좌뇌아의 우뇌 키우기
1. 아이에게 친숙한 캐릭터를 등장시켜 마음껏 만화를 그리며 표현하도록 해요.
2. 미술관이나 현장체험 등을 통해 자신만의 느낌과 이야기를 마음껏 끄집어내요.
3. 책을 읽을 때 줄거리보다는 주인공의 감정 변화에 집중하게 해요.
4. 레고 등 손을 이용한 공작 놀이로 창의적 우뇌를 키워줘요.

무한 상상의 세계를 보여주는 우뇌형 아이의 글쓰기

우뇌로 생각하는 아이의 글은 한마디로 이해가 안 됩니다. 읽는 사람이 추측해가며 읽어야 하는 불편한 글이에요. 아이만의 독특한 생각은 들어가 있는데 그것을 논리적인 흐름 없이 띄엄띄엄 생략해서 쓰기 때문에 글을 쓰는 본인만 이해할 수 있고 다른 사람들은 이해시키지 못하는 글이 되어버립니다.

처음 글쓰기를 지도할 때는 우뇌아의 글을 보면 어디서부터 지도를 해야 할까 한숨부터 나오곤 했습니다. 글쓰기를 이제 막 시작한 유치부 아이의 글처럼 뒤죽박죽 순서도 없고 논리도 없었어요.

그래서 우뇌아의 글은 처음과 끝도 다르고, 삼천포로 빠져 무한 상상의 세계를 보여주기도 합니다. 글의 초점이 무엇인지 전혀 염두에 두지 않고 단지 혼자만 즐거운 글을 쓰고 있는 것을 느낄 수 있지요. 이것은 우뇌아의 장점이기도 하지만 과해지면 단점이 되고 맙니다. 과유불급이 따로 없어요.

하지만 이들의 글을 보면 특이하면서도 재미있는 문장들이 쉽게 눈에 띕니다. 때로는 씨익 웃음짓게 하는 작은 재치를 보이는 우뇌아의 문장력을 배우고 싶다는 생각이 들기까지 해요. 이들의 통통 튀는 재치가 글 속에 차분하게 순서대로 나타난다면 우뇌아의 글은 한 번만 보아도 기억에 남을 공감이 가는 글이 될 수 있습니다.

그래서 저는 우뇌아에게는 무엇을 쓸지 초점을 정확하게 찾으라고 말합니다. 초점을 찾고 거기에 차근차근 살을 붙여가며 이야기하게 하는 것이지요. 이야기를 하면서 점차 순서가 생기고 생각의 인과관계를 찾아나가는 것을 경험할 수 있습니다.

실제로 우뇌아와 한 가지 주제로 대화를 나누다 보면 그들의 무한한 상상력과 생각의 범위에 감탄할 때가 많습니다. 그래서 초점에서 벗어나 이야기가 급속도로 뻗어나가서 나중에는 처음에 무슨 이야기로 시작했는지 그 출발점조차 잊어버릴 때도 많지요.

이때 엄마는 아이의 상상력이 초점에서 너무 많이 벗어나지 않도록 견제해주는 역할을 해야 합니다. "왜 그렇게 생각했어?"라고 아이가 상상한 것에 대해 이유를 물어주면 아이는 스스로 생각의 원인을 찾아 논리적으로 이야기하게 될 것입니다. 또는 '내가 너무 지나왔구나' 하고 스스로 느끼게 될 수도 있고요.

하지만 글을 쓰는 도중에는 이렇게 질문을 해주어 방향을 잡아줄 수 없기 때문에 글이 자꾸 산으로 가버리기 쉽습니다. 그러니 우뇌아의 글쓰기 지도에서는 초점을 정확하게 찾고 이야기 나누기를 통해 뼈대를 먼저 간추리게 하는 연습이 필요합니다.

MORE **TIP**

우뇌아의 좌뇌 키우기
1. 스토쿠, 할리갈리, 러시아워 등 수학 보드게임으로 끈기를 가지고 문제를 해결하도록 해요.
2. 끝말잇기처럼 이야기의 순서를 차례차례 구성해가는 게임을 해요.

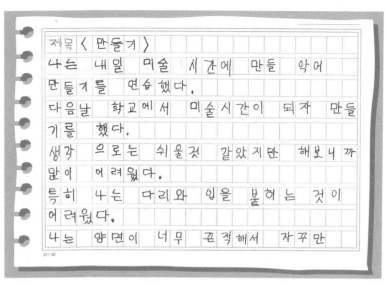

제목 〈 만들기 〉

나는 내일 미술 시간에 만들 악어 만들기를 연습했다.

다음날 학교에서 미술시간이 되자 만들기를 했다.

생각으로는 쉬울것 같았지만 해보니까 많이 어려웠다.

특히 나는 다리와 입을 붙히는 것이 어려웠다.

나는 양면이 너무 끈적해서 자꾸만

손에 붙였다.

근데 짝이 양면 테이프를 쓰는 법을 가리쳐 주어서 재대로 만들수 있었다.

미술 시간이 끝났다.

나는 작품을 다 완성 하니까 너무 뿌듯 했다.

나는 미술시간에 만들기를 많이하면 좋겠다.

▲ 시간의 순서 없이 떠오르는 대로 편하게 쓴 글입니다. 우뇌아의 경우 글을 쓰기 전에 무엇을 쓸지에 대해 이야기해보는 활동이 꼭 필요합니다(초등 3학년).

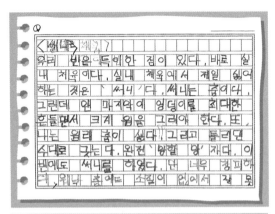

①
〈실내 체육〉
우리 반은 독특한 점이 있다. 바로 실내 체육이다. 실내 체육에서 제일 싫어하는 것은 '써니'다. 써니는 춤이다. 그런데 왜 마지막에 엉덩이를 최대한 흔들면서 크게 윈을 그려야 한다. 또, 나는 원래 춤이 싫다. 그리고 틀리면 수대로 긋는다. 완전 '망함 딱'자대. 이번에도 써니를 하였다. 난 너무 침피해서, 워낙 춤에는 소질이 없어서 잘 못

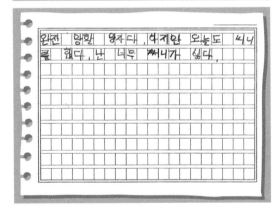

한다. 또, 동작도 하나하나가 다 헷걸린다.

②
우리반에 실내체육 중에서 내가 가장 싫어하는 것은 써니다. 다른 것은 다 좋은데, 써니가 싫다. 써니는 춤인데, 마지막에 엉덩이를 최대한 흔들면서 아주 크게 윈을 그려야 한다. 원래 나는 춤에 영 소질이 없고 춤을 싫어한다. 그리고 틀리면 마여너스로 슈대로 긋는다.

완전 망함 딱자다. 하지만 오늘도 써니를 했다. 난 너무 써니가 싫다.

◀ 수정 전의 글에는 문장 간의 연결성이 없이 뚝뚝 끊어졌지만, 문장의 순서를 수정하고 난 후에는 자연스럽고 이해하기 쉬운 글이 되었습니다(초등 3학년).

사진을 묘사하듯이 실감나는 일기 쓰기

　일기를 쓸 때마다 아이들과 한바탕 전쟁을 치루는 모습은 대한민국에서 초등학생 자녀를 둔 가정이라면 어느 집에서나 볼 수 있는 풍경입니다. 일기장 앞에서 아이들은 "오늘은 아무 일도 없었어"라며 배짱을 부리지요.

　"무엇을 쓸까?"는 아이들만의 고민은 아닙니다. 사실 엄마들도 "오늘 재미있었던 일에 대해서 써"라고밖에 해줄 말이 없어요. 좀 더 적극적인 엄마라면 주말마다 일기 소재를 위해 체험 학습을 계획하는 정도지요.

아이들에게 일기를 쓰라고 할 때는 막연히 오늘 하루에 있었던 일을 쓰라고 하기보다 좀 더 구체적인 설명이 있어야 합니다. 즉, 오늘 눈으로 본 것, 귀로 들은 말, 코로 맡은 냄새, 입으로 한 말, 혀로 느꼈던 맛, 손으로 만진 촉감 등 우리의 감각기관을 통해 들어온 모든 정보가 일기의 소재가 될 수 있다는 말입니다.

글의 소재는 아주 가끔 일어나는 현장 체험 학습이나 가족 간의 여행, 생일 파티만이 아니에요. 평상시에 늘 경험할 수 있는 일 중에서 일기 소재를 찾는 습관을 길러야 합니다.

저는 일기를 쓸 때 첫마디에 건성으로 "쓸 거 없어요"라고 말하는 아이들에게 질문하곤 합니다.

"엄마가 '오늘은 반찬 없으니 밥 굶자'라고 말씀하시니?"

그러면 아이들은 어이가 없다는 듯 소리 내어 웃습니다.

"반찬이 없어도 엄마는 냉장고에서 재료가 될 만한 것을 찾아서 요리하시잖아. 글을 쓰는 것도 마찬가지야. 일반적으로 냉장고에 들어 있는 재료들을 일상 속에서 일어나는 사소한 글의 재료들이라고 생각해 보자. 우리가 보지 못하고 있을 뿐 꼭 써야겠다고 생각발전소를 가동시키면 언제나 글의 재료는 있기 마련이야. 그 재료들을 어떤 방법으로 요리하느냐에 따라 맛이 달라지겠지?"

"네."

아이들의 대답이 썩 명쾌하지 않습니다. 아이들이 한 번에 알아듣는다면 얼마나 좋을까요? 엄마의 기다림은 여기서도 필요합니다. 쉽게 이해할 수 있도록 또 다른 예를 들어 설명하기로 했습니다.

"두 종류의 요리사가 있어. 한 명은 아주 가끔 랍스타나 최고급 갈비 같은 재료가 있을 때만 특별 요리를 하는 요리사고, 또 한 명은 두부나 김치, 콩나물 등 냉장고에 들어 있는 사소한 재료로도 매일 색다른 요리를 만들어내는 요리사야. 어떤 요리사가 더 훌륭한 요리사라고 생각하니?"

아이들은 고민할 것도 없이 외쳤습니다.

"당연히 사소한 재료로 매일 색다른 요리를 하는 요리사가 훌륭한 요리사지요."

우리 냉장고에 늘상 있는 김치나 두부, 콩나물로 요리하는 요리사처럼 아이들에게도 매일매일 사소한 일상에서 글의 소재를 찾아낼 수 있도록 일상을 관찰하고 생각하는 힘을 키워주어야 합니다. 냉장고 문만 열고 재료가 없다고 투정할 것이 아니라 구석구석에서 요리할 만한 재료를 찾아내야 하는 것이지요.

일기를 쓰는 첫 걸음은 사소한 일상이라도 의미를 가지고 생각하는 자세에서 출발합니다. 아무리 사소한 장면이라도 어느 날 나에게 의미 있는 궁금증을 주었던 적이 있을 거예요. 그런 일상을 관찰하고 작은 것이라도 생각하는 힘이 쌓여갈수록 글쓰기의 소재는 무궁무진하게 떠오를 것입니다. 1분도 채 안 되는 짧은 순간에도 일기의 소재는 찾을 수 있습니다. 하물며 '날씨에 따라 다른 내 기분' 같은 단순한 소재도 일기의 재료가 될 수 있어요.

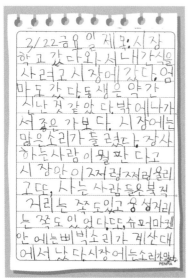

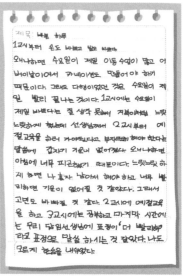

▲ 시장에 갔을 때 들리는 다양한 소리를 일기의 소재로 썼습니다. 일상적인 것들을 잘 관찰하는 힘이 소재를 찾는 데 도움이 될 수 있어요(초등 2학년).

▲ 눈에 보이는 특정한 사건이 아니라도 글의 소재가 될 수 있습니다. 바빴던 그날의 피곤함이 글 속에 잘 드러나 있습니다(초등 3학년).

제목: 교무실에서 누나를 봤다!

5교시 전에 누나를 보려고 누나반에 갈려고 할때 어떤누나가 말했다. 이지수 찾니? "응," 누나가 교무실에 있다고 했다. 나는 교무실에 갔다. '진짜있네' "누나!" 누나가 화내듯이 말했다. "너 왜 왔냐" "누나 보고싶서" 그런데 누나가 친 구랑 신문 같은 것을 뒤지고 있었다. 앙쥔통신? 아니면 설문지? 도대체뭐지 아 ~ 물어보고 싶은데 교무실에서는 목소

리를 크게 말하면 안되지. 한 10분있다 가 또! 누나를 봤다. 이번엔 웃긴말을 해야지~ "안녕하슈" 야! "키키" 나는 내만으 로 도망쳤다.

나는 누나를 보려고 갈 때 6학년 누 나랑 형이 부끄럽다. 그래서 누나반에 안 간다.

▲ 짧은 순간도 일기의 소재가 될 수 있습니다. 교무실에서 누나를 만나 반갑고 부끄러웠던 마음을 이야기하고 있습니다(초등 2학년).

처음 일기를 쓰기 시작할 때는 먼저 생각그물을 짜는 연습부터 해야 합니다. 무턱대고 "혼자서 써봐"라고 한다면 아이들은 막막하기 그지 없겠지요. '생각그물 짜기'는 직접 노트에 글로 쓰면서 해야 하지만 간단하게 아이와 대화하면서 연습해볼 수도 있습니다.

이때 엄마는 사건의 주제를 찾지 못하고 전체를 모두 말하려 하는 아이에게 쓰려고 하는 사건의 중심을 잘 찾아갈 수 있도록 질문을 던져주어야 합니다. 아이의 말을 자세히 귀담아듣는다면 아이가 말하는 의도를 파악해 질문하는 일은 그다지 어렵지 않을 거예요.

처음 일기를 쓰는 예비 초등학생의 경우입니다.

"어제 있었던 일 중에 자랑하고 싶은 일이나 궁금한 일, 속상한 일이 있다면 어떤 게 있을까?"

"없었어요."

툭 한 마디를 던지며 못 찾겠다고 합니다. 이런 아이의 경우 하루 전체의 일을 떠올리게 하기보다는 영역을 좁혀주는 것도 좋은 방법입니다.

"그럼 주말에 있었던 일 중에서 친구에게 자랑하고 싶은 일은 언제?"

"아! 스키장 간 것 쓰고 싶어요."

아무것도 생각나지 않는다던 아이에게 생각할 영역을 좁혀주니 기억해보려는 노력을 했지요. 처음부터 쓰고 싶은 일을 금방 생각해내는 경우는 극히 드뭅니다. 그렇기에 엄마는 아이에게 적절한 질문을 해주어 생각의 범위를 조절할 수 있게 해주는 융통성을 발휘해야 할 때가 많아요.

"그래, 스키장에서 있었던 일 중에서 어떤 장면을 쓸까? 스키장에 갈 때부터 집에 올 때까지 모두를 쓰려고 하면 너무 많으니까 그중에서 한 장면만 쓰면 좋겠어. 스키를 배우는 장면을 쓸까? 스키를 타고 높은 곳에서 내려오고 있는 장면을 써볼까? 아니면 스키장의 하얀 눈을 써볼까? 또 스키장에서 넘어져서 아팠던 장면은 어때?"

아직 글쓰기에 미숙한 아이에게는 스키장의 한 장면만을 자세히 쓰는 연습이 필요합니다. 너무 많은 이야기를 쓰려고 하다 보면 결국에는 이것도 저것도 아닌 글이 되고 맙니다. 이제 필요한 것이 '무엇을' '왜' 쓰려고 하는지 정확하게 구체적으로 찾아낼 수 있도록 생각그물에 스키장의 여러 이야기를 쓰는 활동입니다.

"자, 스키장에서 있었던 여러 이야기를 떠올려보자. 그리고 이 종이에 써보는 거야."

아이는 스키신발에 눈이 많이 들어간 것과 스키 슬로프에서 내려오는 것을 생각그물에 썼습니다. 처음에는 사실만을 나열해놓은 생각그물에 불과합니다. 여기서부터 엄마가 어떤 질문을 던져주느냐에 따라 아이가 말하려는 상황이 구체적으로 자세히 묘사된 글이 될 수도 있고, 단지 단편적인 사실만 나열한 글이 될 수도 있습니다.

"스키신발에 눈이 들어갔을 때 넌 어떤 기분이 들었니? 그 기분을 그림으로 나타내면 어떤 그림이 될까?"

그림으로 장면을 그리는 도중에 사물에 대한 다른 생각을 찾아낼 수도 있습니다.

"눈이 많이 들어간 스키신발을 그림으로 그려볼까? 스키신발은 무엇처럼 보이니?"

"신발이 차가워져요. 스키신발이 꼭 흰 눈에 갇힌 것 같았어요."

"슬로프에서 내려올 때의 기분은 어땠어?"

"좋았어요. 무섭기도 했고. 비행기처럼 눈 위를 날아다니는 것 같았어요."

"그렇지, 슬로프에서 내려올 때의 기분을 나타내려면 그때의 너의 몸과 표정을 잘 생각해보면 더 쉬워. 너의 표정이 어떻게 변했는지, 몸은 어떻게 되었는지 말이야."

"음, 다리에 힘을 주고 타니까 내 몸에 힘이 다 빠졌어요."

"힘이 다 빠져버린 몸은 무엇과 같을까? 네 몸을 그림으로 연상해볼까?"

"흐물흐물해서 물이 된 것 같았어요."

"물? 정말 잘 찾았네. 이렇게 너만의 기분과 느낌을 찾으려고 노력해야 하는 거야. 그냥 '힘들었어요' 라고만 말하는 것보다 훨씬 너의 마음이 잘 나타나지 않니?"

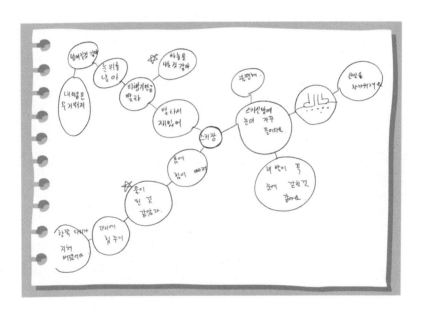

생각그물이 구체적으로 잘 나타날 때까지 엄마의 질문으로 아이의 이야기를 펼쳐내는 과정이 꼭 필요합니다. "혼자서 스스로 하는 게 중요해"라며 내버려두는 것은 옳지 않아요. 생각하는 과정이란 누구에게나 힘들고 귀찮은 일입니다. 아이 혼자 처음부터 깊이 생각한 일기를 쓰라고 하는 것은 아이에게 대충 사실만을 나열하는 일기를 쓰는 것을 강화시킬 뿐이에요. 생각하는 연습을 할 수 있도록 구체적인 질문으로 생각을 확장시켜 주어야 합니다.

어린 아이가 배변훈련을 할 때 관련된 책을 보여주거나 직접 시범을 보여주며 모델링을 하게 하듯이 생각하는 일기를 쓰기 위해 생각을 펼치는 것을 모델링시키지 않는다면 편한 방법으로만 대충 생각해 매일 비슷한 내용의 단답형 일기만을 쓰게 될 것입니다.

MORE **TIP**

생각이 담긴 일기 쓰기를 도와주는 질문 요령

① 소재 찾기
　- 어떤 장면을 쓰고 싶니?
② 초점 잡기
　- 그 장면을 왜 쓰고 싶니?
③ 자세히 구체적으로 쓰기
　- 투시 현미경이 있다면 내 마음이 어떻게 보일까?

일기를 쓸 때 아이들이 가장 힘들어하는 것은 한 장면을 자세히 쓰는 일입니다. 아이들의 일기는 대부분 사실을 구구절절 나열하는 식이에요. 엄마 역시 아이에게 있었던 일에 대한 느낌과 생각을 자세히 쓰라는 말만 되풀이할 뿐 '어떻게' 자세히 써야 하는지는 알려주지 못합니다. 왜일까요? 학창 시절 하루를 반성하며 일기를 썼던 경험 때문에 엄마 자신도 생각과 느낌을 표현하는 일기 쓰기 방법에 서투르기 때문입니다.

사실을 나열하는 일기를 쓰지 않기 위해 저는 아이들에게 이렇게 설명합니다.

"일기는 동영상을 쓰는 것이 아니라 사진 한 장을 자세히 구체적으로 쓰는 거야."

이 말은 처음부터 사건이 흘러가는 모든 장면을 샅샅이 쓰는 것이 아니라 초점이 될 만한 장면 하나를 사진으로 찍어 그 사진 속 이야기를 자세히 쓰라는 뜻입니다.

우리가 영화를 보았을 때 영화 속 모든 이미지를 기억하지는 못하지만 가장 의미 있었던 몇 장면은 그대로 기억 속에 남아 있잖아요. 아이들에게도 하루 있었던 일들 중 기억에 뚜렷이 남아 있는 한 장면을 떠올려보게 하는 거예요. 그리고 그 장면 속에서의 표정이나 행동, 그때의 느낌과 생각을 그림을 그리듯이 글로 옮기게 합니다.

　이렇게 일기 쓰기를 지도하자 아이들의 글은 머릿속에 떠올린 한 장면에 정확히 초점을 맞추고 점점 실감나는 살아 있는 글이 되어갔답니다.

　아이들의 글 속에 습관처럼 나타나는 '재미있었다' '행복했다' '또 하고 싶다' 같은 문구들을 쓸 때도 그때의 이미지를 떠올려 그림을 그리듯 써야 합니다. 예를 들어, '재미있었다'라고 한다면 내가 재미있었던 그때 내 얼굴을 묘사해보는 거지요. 내 팔과 다리 그리고 내 심장의 두근거림 등을 그림으로 그린다면 어떻게 표현할 수 있을까요? 그것을 글자로 옮겨 문장마다 자신의 생각을 표현해보는 겁니다.

　'너무 재미있어서 내 심장도 들썩거릴 정도였다.'

　'너무 재미있어서 나는 엄지손가락을 치켜들고 '최고'라고 말했다.'

　한 장면을 떠올리는 일을 힘들어한다면 먼저 그림을 그려보게 하면 좋아요. 그림 속에서 나는 어떤 표정인지, 어떤 움직임을 하고 있었는지, 내 친구는 나에게 어떤 얼굴을 하고 말을 하는지 그려보라고 하는 거예요. 그러면 아이들은 그림을 그리면서 그때의 상황을 생각해보려고 할 것입니다. 그림을 보면서 글을 쓰다 보면 점점 아이들의 글 속에 자세하고도 구체적인 생각과 표현이 살아나고 있음을 느낄 수 있어요.

이렇게 모든 일에 똑같은 무게를 두어 설명하기보다는 한 장면에 초점을 맞추어 글을 쓰는 습관을 들인다면 사실만 나열해서 무엇을 쓰려고 했는지 도무지 알 수 없는 글에서 벗어날 수 있을 것입니다. 동영상이 아닌 한 장면만을 자세하게 구체적으로 쓴 글은 초점이 정확히 맞추어져 있기 때문에 아이가 그 글에서 말하고자 하는 것이 무엇인지도 잘 드러나게 되지요.

초점을 맞추어 글을 쓰기 위해서는 아이들에게 망원경이 아닌 현미경 같은 시야가 필요해요. 아이들은 일기 속에서 한 장면에 정확히 초점을 맞추어 현미경 같은 눈으로 장면을 표현해야 합니다.

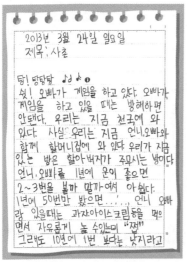
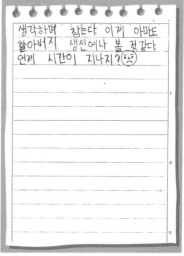

▲ 오래만에 만난 사촌오빠가 할아버지 방에서 게임을 하는 모습을 보며 사촌을 자주 만나지 못하는 아쉬운 마음을 잘 묘사하고 있습니다(초등 2학년).

▲ 벚꽃이 흐드러지게 핀 모습이 화려하고 자신을 환영하는 듯하다는 표현이 좋습니다(초등 2학년).

▲ 친구가 먹이로 되었을 때 친구에게 느꼈던 고마운 마음을 실감나게 표현했습니다(초등 2학년).

▲ 친구 앞에만 과자가 선처럼 쌓여가고 있어 속상한 마음과 마음과 서로 나눠 먹자고 말하는 마음을 표현했습니다(초등 2학년).

아이의 생각을 막는 '맞춤법'의 독

　요즘 아이들은 한글을 거의 다 떼고 책도 줄줄 읽는 상태에서 초등학교에 입학합니다. 제가 보기에는 7세 수준에서 정말 유창하게 글을 쓴다고 생각되는데, 그런 아이의 엄마에게도 불만은 있어요.

　"맞춤법이 왜 이렇게 많이 틀려요? 1학년 때 받아쓰기를 어떻게 볼지 걱정이에요."

　아이들의 글을 읽다 보면 맞춤법은 100퍼센트 정확하지만 어딘지 모르게 앵무새처럼 남의 글을 자신의 생각인 듯이 쓴 글들이 많아요. 어디서 많이 본 듯하고, 이름만 바꿔서 친구의 글이라고 해도 믿을 만큼 내용에도 차이가 없어요. 반면 제 마음대로 소리 나는 대로 써서 맞춤법도 엉망이고 암호 해독하듯이 한 글자 한 글자의 의미를 해석해가며 불편하게 읽어야 하지만, 아이만의 눈으로 본 독특한 생각이 살아 있는 글도 있습니다.

대부분의 엄마들이 독특하고 재미있다며 두 번째 글을 칭찬합니다. 그런데 만약 그 글이 내 아이가 쓴 글이라면 어떨까요? 엄마의 마음은 달라집니다.

"아니, 어떻게 이 글자를 틀려? 큰일이다."

혀를 차며 금세 얼굴이 붉어지지요. 칭찬은커녕 아이를 바짝 긴장하게 만들어버립니다. 결국 엄마가 아이가 쓴 글을 일일이 깐깐하게 지적하면서 고쳐주는 모습을 쉽게 볼 수 있습니다.

그런데 제가 엄마들에게 꼭 당부하는 것이 있습니다. 아이가 글을 썼을 때 맞춤법을 지적하고 고쳐주는 일은 절대 하지 말아달라는 것입니다. 자신이 쓴 글을 엄마가 지적할 때 아이는 엄마에게 글자뿐 아니라 자신의 생각까지도 지적당하는 것으로 오해하기 때문입니다. 이렇게 맞춤법을 지적당한 아이는 앞으로 자신의 생각을 쓰는 일을 주저하게 됩니다. 그리고 자신의 생각보다는 맞춤법에 더 집중하게 되지요.

실제로 저학년 중에는 유난히 맞춤법을 물어보고 틀릴까 봐 신경을 쓰는 아이들이 있어요.

"선생님, 이렇게 쓰는 거 맞아요?"

"어떻게 써요?"

일일이 글자를 확인받다 보면 생각 쓰기는 물 건너가고 어느새 글자 받아쓰기를 하고 있는 어이없는 상황이 연출됩니다. 불안해하는 아이들에게 저는 이렇게 말합니다.

"괜찮아, 글자 틀려도 되니까 그냥 생각나는 대로 다 써봐. 소리 나는 대로 써도 돼."

저는 최대한 아이들을 안심시키려고 노력합니다. 이렇게 하지 않으면 글을 쓰는 내내 아이들의 긴장하는 모습이 역력하기 때문입니다. "틀리면 어떻게 하지?" 하며 전전긍긍하느라 아이의 머릿속은 점점 까매져 더욱더 컴컴한 동굴 속이 되어버리고 맙니다. 어두운 동굴 안에서 내 생각을 찾을 수 없는 것은 당연한 일이지요.

"글자 쓰기가 아니고 생각 쓰기를 하는 거야. 그러니까 지금은 글자는 신경 쓰지 말고 네 생각을 찾으려고 노력하면 돼."

"글자가 틀리면 나중에 고치면 되는 거야. 걱정할 필요 없어."

실제로 아이를 중학교에 보낸 학부모와 상담을 나누다 보면 하나같이 후회하는 말을 합니다.

"초등학교 저학년 때 받아쓰기 시험 보느라 맞춤법에만 신경 쓴 게 후회가 돼요. 그때 아이가 쓰고 싶은 대로 마음껏 쓰도록 간섭하지 말았어야 했어요."

"맞춤법은 커서도 교정이 되지만 자유롭게 생각하기는 점점 어려워지는 것 같아요."

아이다운 눈으로 세상을 보고 거침없이 써내려가도록 아이의 생각이 담긴 글에 엄마가 조금이라도 힘을 실어주는 칭찬 한 마디를 해주었다면 중·고등학교에 가서 자기 생각을 주장하는 글을 써야 하는 논술에서도 걱정할 필요가 없을 거예요. 그런데 그것을 이제 아이가 크고 나서야 뒤늦게 알았다고 하소연하는 꼴입니다.

초등학교 저학년 시절에 소리 나는 대로 쓴 암호 같은 아이의 글이 그리워진다는 학부모들의 말을 들으며 다시 한 번 '생각이 담긴 글쓰기'의 중요성을 실감했습니다. 아이에게 '글자'가 아닌 '생각'을 쓰도록 격려해야 합니다. 넘쳐나는 아이의 생각의 강물을 '맞춤법'이라는 둑으로 막아버려서는 절대 안 됩니다.

MORE **TIP**

맞춤법, 어떻게 지도할까?

사실 부모님과 함께 정성들여 책읽기를 한 아이들치고 맞춤법을 몰라 고생하는 경우는 드물어요. 몇 년 동안 반복해 눈으로 익힌 글자들이기 때문에 초등학교 입학 전 한 학기 정도 쓰기 연습을 시키면 맞춤법에 대해 크게 고민할 필요는 없습니다.

그래도 걱정이 된다면 아이와 관련있는 것들 중심으로 쓰기 연습을 시키면 좋습니다. 예를 들어, 아이가 좋아하는 책의 제목을 매일 몇 권씩 쓰게 한다든지 우리 식구의 이름 쓰기, 아이가 좋아하는 친구의 이름 쓰기, 아이가 좋아하는 음식의 이름 쓰기 등을 할 수 있어요.

초등학교 입학 후 2학년 때까지는 학교에서 거의 매일 받아쓰기를 합니다. 받아쓰기 급수표라는 것도 학교에서 받아와요. 매일 숙제가 받아쓰기 연습이니 학교에서 보는 받아쓰기만 충실히 연습해도 맞춤법에 대한 고민은 사라지게 된답니다.

5장

고학년의 독서와
자기주도학습

고학년의 독서와 배경지식

"학년이 올라갈수록 점점 글쓰기를 어려워해요."

"1, 2학년에는 일기상도 많이 받았는데 5학년이 되니 글이 엉망이 되어버렸어요. 글쓰기도 너무 싫어하고요."

"우리 아이 글은 왜 쓸 때마다 같은 글처럼 느껴질까요? 글이 늘 비슷비슷해요."

책읽기에 대한 엄마들의 걱정은 학년이 올라갈수록 점점 글쓰기에 대한 고민으로 확장됩니다. 글쓰기를 어려워하고 비슷한 글쓰기를 반복하는 아이의 경우, 문제의 원인은 여러 가지가 있겠지만 무엇보다 배경지식에 대한 독서가 부족하기 때문입니다.

저학년에 써야 하는 글들은 대부분 생활문이어서 창작만을 즐겨 읽던 친구들도 글쓰기에 자신이 있었지요. 그러나 고학년이 될수록 사정은 달라집니다.

고학년이 되면 어떤 사건이나 상황에 대해 자신의 생각을 설명하고 주장하는 글을 쓸 기회가 많아지기 때문에 배경지식이 부족한 친구들은 주장에 대한 근거나 이유를 자세하게 설명하기가 어려워집니다. 저학년까지 알았던 기본적인 지식이나 생각만으로 대충 얼버무린 글을 쓰기 쉽지요. 그런데 이런 글은 말하고자 하는 내용이 불분명해지고 남의 생각을 내 것인 양 인용한 냄새를 풍기기 쉽습니다.

신체적인 성장만큼 글 속에서 쓰는 어휘나 사고도 성장해야 제 나이에 맞는 글을 쓸 수 있어요. 어휘나 사고의 성장 없이 저절로 나이만 먹는다고 수준 높은 글을 쓸 수 있는 것은 아니랍니다.

아이의 키를 키우기 위해 세상의 모든 엄마들은 몸에 좋다는 음식을 먹이고 매일 각종 운동을 시키며 바른 생활 습관을 형성하게 하기 위해 신경을 씁니다. 아이들이 먹고 싶다는 음식만 먹게 내버려둬서는 키 성장에 절대 도움이 되지 않기 때문이지요. 마찬가지로 아이들의 글이 성장하려면 적절한 시기에 필요한 책들을 읽혀 배경지식을 쌓아야 하고, 또 그것을 글로 쓰는 연습도 해야 합니다. 한 달에 한 번 쓸까 말까 한 글쓰기로는 아이의 글이 점점 뒷걸음질치는 것은 당연한 일입니다.

또한 저학년 때까지는 엄청난 양의 책을 읽던 아이들이라도 고학년으로 접어들면서 영어나 수학에 발목을 잡혀 따로 책을 읽는 시간을 내기가 빠듯해지는 것이 현실입니다. "시간 없어요"라는 말로 아이들은 그간의 책읽기 습관쯤은 너무나 쉽게 던져버립니다. 이것은 즉시 글쓰기에도 영향을 미쳐 나만의 생각을 표현하는 글쓰기는 어색해지고 정답을 찾아내는 시험 보기에만 열중하게 되지요.

저학년 때는 글쓰기에 재주가 있는 것처럼 보였던 아이들이라도 고학년이 될수록 글쓰기를 하라고 하면 막막해하고 원고지 한두 페이지 채우기도 힘겨워하는 모습을 많이 볼 수 있습니다. 정작 자신의 생각을 정확히 표현해 남을 이해시키고 설득하는 글을 써야 할 나이가 되었을 때 아이들은 글쓰기의 펜을 놓아버리게 되니 그야말로 공든 탑을 무너뜨리는 꼴이지요.

실제로 고학년이 된 우리 아이들의 책장을 살펴보세요. 다양한 분야의 책들로 가득했던 책장에는 원래 주인을 밀어낸 채 학원의 문제집과 학습서만이 자리를 차지하고 있습니다. 다양한 책읽기로 배경지식이나 사고의 성장에 공을 들여야 할 시기에 학원에서 내준 수학이나 영어 숙제를 하느라 책 읽을 시간이 없다고 당연하게 말하는 것이 바로 우리 아이들의 현실이 되어버린 것입니다.

아이에게 영양분도 주지 않고 운동할 여유도 주지 않으면서 키가 크기만을 바라는 허황된 욕심을 부리고 있지는 않은지 돌아보아야 할 때입니다. 그렇다면 아이의 키를 키우기 위해서는 어떻게 해야 할까요?

지금부터 고학년 아이들에게 적용할 수 있는 독서법에 대해 알아보겠습니다.

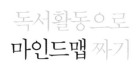

독서활동으로
마인드맵 짜기

　여러 독서활동 중에서 고학년이 될수록 도움이 되는 활동을 꼽으라
면 저는 망설임 없이 마인드맵 활동을 꼽습니다. 책을 읽고 마인드맵을
짜는 일은 보통의 아이들이라면 대부분 달가워하지 않는 활동이지요.
하지만 갈수록 배경지식 위주의 책을 읽어야 하는 고학년 아이들에게
는 가장 적당한 활동이라고 할 수 있습니다.

　마인드맵은 '머릿속의 생각지도'라고 할 수 있어요. 독서를 하면 머
릿속에 책의 내용이 입력됩니다. 입력을 한 후에는 언젠가 출력을 해야
겠지요. 그런데 온통 뒤죽박죽 쑤셔넣기만 한 입력은 출력을 힘들게 해
버립니다. 입력이 제대로 되지 않는 책읽기는 하나 마나 한 시간 때우기
식 책읽기로 끝나버립니다. 우리가 어떻게 입력이 되는지에 관심을 가

저야 하는 이유가 바로 여기에 있습니다.

새롭게 쇼핑한 옷들을 옷장 안에 정리하는 상황을 생각해봅시다. 어느 서랍에 넣을 것인지 먼저 자리를 정하고 그에 맞게 정리를 해놓는다면 다음에도 쉽게 찾아 입을 수 있겠지요. 하지만 그런 계획도 없이 빈자리가 보이는 대로 그냥 쑤셔넣어 버린다면 중요한 모임에 갈 때를 대비해 산 옷이라도 결국 어디에 있는지 못 찾아서 입지 못하는 낭패를 경험하기 쉽습니다. 필요할 때 입을 수 없는 옷이라면 무용지물입니다. 우리 주변에도 쇼핑 중독에 걸린 것처럼 마구 사들였지만 정리를 못해서 결국 "나는 왜 이렇게 입을 옷이 없지?"라며 하소연하는 사람들을 흔히 볼 수 있습니다.

책읽기에서도 이런 하소연을 하는 부모들이 많습니다. 책읽기라면 누구에게도 뒤지지 않는 아이인데 왜 학교 성적은 나쁜지 모르겠다는 것이지요. 책읽기를 즐거워하지 않는 아이를 둔 부모 입장에서는 배부른 투정으로 들리겠지만 당사자에게는 즐거운 고민만은 아니랍니다.

보통 책읽기만 잘해도 성적은 당연히 따라온다고 생각합니다. 그래서 아이들에게 독서의 중요성을 강조하고 눈만 뜨면 책을 읽으라고 말하지요. 그런데 정작 책을 끼고 살아도 성적이 나쁜 이유는 무엇일까요? 그렇다고 그 아이들이 창작책만 읽느냐 하면 그것도 아닌데 말이에요. 성적이 나오지 않는다면 분명 정보를 입력하는 방법이 잘못 되었음을 인식하고 알맞은 처방전을 내놓아야 합니다.

이런 고민을 해결해 줄 수 있는 가장 이상적인 처방전으로 저는 마인드맵을 꼽습니다. 마인드맵은 책 속의 많은 정보들이 책을 덮고 난 후에도 머릿속에 장기 기억되도록 활성화시키는 데 도움을 주기 때문입니다.

마인드맵 활동을 하려면 책의 전체적인 흐름을 파악하는 능력과 책의 내용을 같은 것끼리 분류할 줄 아는 능력이 필요합니다. 거기에 우뇌의 이미지화 능력까지 더해져야 합니다.

먼저 마인드맵의 중심 동그라미에는 책의 전체를 아우르는 제목이나 이미지가 들어가야 합니다. 즉, '이 책은 무엇에 대해 말하는 책인가?'를 설명해주어야 하는 것이지요. 두 번째 단계에서는 '말하려고 하는 중심 내용을 어떻게 나누어 설명하는지'를 큰 가지로 나누어 분류하기를 적용합니다.

첫 번째 단계에서 할 일은 이 책이 어떤 이야기를 중심으로 하여 어떻게 끌고가는지 책의 전체적인 흐름을 파악하는 일입니다. 그러면 책의 전체적인 흐름은 어떻게 알 수 있을까요?

건축물의 전체적인 모습을 보는 가장 쉬운 방법은 위에서 아래를 내려다보는 것입니다. 책을 볼 때도 머릿속에 전체적인 조감도를 담고 본다면 이해하기가 훨씬 쉽겠지요. 하지만 처음부터 이렇게 책의 전체를 담을 수 있는 능력을 갖추기는 어렵습니다. 이것은 쉬운 책읽기를 통해 끊임없이 연습해야만 가능한 일입니다.

이때 주의할 것이 아이의 독서 능력입니다. 그릇의 크기는 일정한데 넘치도록 내용물을 담아봤자 담을 수 있는 양은 한정되어 있습니다. 마찬가지로 아이의 독서 능력과 상관없이 욕심을 부려 두껍고 어려운 책만을 들이밀어봤자 책의 전체적인 흐름을 보는 능력을 키우는 데는 도움이 되지 않는다는 것입니다.

마인드맵의 두 번째 단계에서 할 일은 바로 분류하기입니다. 분류하기는 책의 전체 내용을 생각하고 큰 가지부터 시작해 작은 가지로 다시 뻗어가는 것입니다. 그런데 아이들은 보통 책의 전체 내용은 생각하지 않고 아주 세밀한 외울 것만을 가지고 큰 가지를 분류하려고 합니다. 큰 가지와 작은 가지를 구분하지 못하는 것이지요.

예를 들어, 아파트 조감도에서 보면 구역별로 놀이터, 상가, 아파트 평형 등이 구분되어 있는 것이 보입니다. 이 구역이 바로 큰 가지로 분류되는 항목들입니다. 그런데 이렇게 큰 가지로 분류하는 일을 어려워하는 아이들이 있는데, 이 경우를 가만히 살펴보면 놀이터라는 가지를

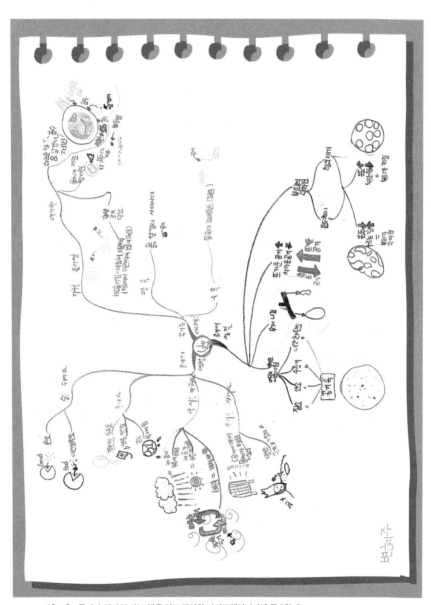

▲ 《흠~ 흠~ 공기가 있어요》라는 책을 읽고 작성한 마인드맵입니다(초등 3학년).

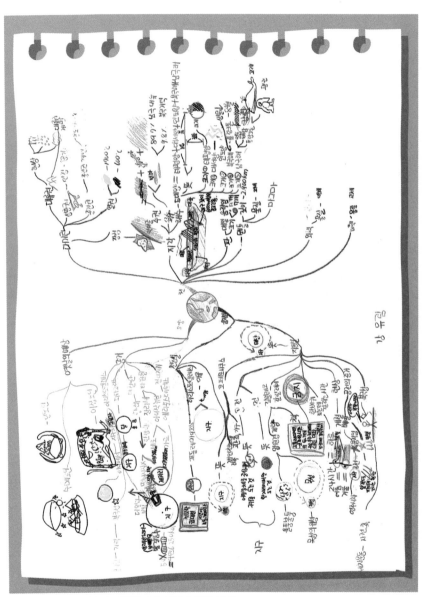

▲ '지구'에 대한 책을 읽고 작성한 마인드맵입니다(초등 3학년).

치기 전에 먼저 미끄럼틀과 그네, 시소의 가지를 만들어버리는 것을 발견할 수 있습니다. 큰 가지로 범주화시키지 못하고 작은 가지로 세밀화만 시킨 것입니다. 이렇게 분류하기에 어려움을 느끼는 아이들을 보면 대체로 우뇌형 아이들인 경우가 많습니다.

마인드맵의 세 번째 단계에서는 핵심단어를 찾고 그에 맞는 이미지를 그립니다. 내용을 문장으로 쓰는 것이 아니라 기억하기 쉬운 핵심단어로 쓰고, 긴 문장들을 이미지로 나타내야 합니다.

지금까지 살펴본 '마인드맵'의 방법으로 머릿속에 입력된 책의 정보들을 다시 시각화시켜 정리하는 단계를 거치면 나중에 우리 뇌에 입력된 정보들을 출력하는 일도 훨씬 쉬워질 것입니다.

우리 아이 독서량이 성적과 비례하기를 원한다면 우선 아이가 책을 읽는 방법을 점검해보아야 합니다. "언젠가는 뒷심을 발휘하겠지" 하는 안일한 기다림은 건성으로 책을 읽는 아이의 습관만을 계속 강화시킬 뿐입니다.

MORE **TIP**

고속도로를 보는 책읽기

분류하기를 어려워하는 친구들을 지도할 때 저는 이렇게 설명합니다. 책을 읽을 때에도 마치 여행자가 된 것처럼 여행자의 입장에서 생각하라고요. 낯선 곳을 처음 여행할 때 큰길을 찾아가고 그 다음 작은 골목길을 찾아가듯이 먼저 고속도로만 알고 길을 가도 크게 헤매지는 않을 것입니다.

고속도로에서 빠져나와 지방의 작은 길들을 따라가면서 낯선 길이 보이기 시작하고 더욱 길을 헤매게 됩니다. 그래서 저는 처음 책을 읽을 때는 '고속도로를 보는 책읽기'를 한 후에 다시 두 번째로 그 책을 읽을 때는 세밀하게 보라고 말합니다. 두 번째로 책을 읽을 때는 고속도로에서 빠져나온 작은 길도 기억하게 하는 것이지요.

이때도 그 작은 길이 어느 고속도로에서 빠져나왔는지 인터체인지(IC)를 잘 기억해 연결하며 읽게 해야 합니다. 그래야 하나하나 떨어진 지식이 아니라 유기적인 관계를 가진 지식으로 머릿속에 입력될 것입니다. 그러니 제대로 읽으려면 같은 책을 최소한 두 번은 반복해서 읽어야 하겠지요.

많은 엄마가 책읽기가 마치 우리 아이의 미래를 책임져주는 마법의 주문인 것처럼 생각합니다. 하지만 이런 마법 같은 책읽기도 아이의 적극적인 생각 깨우기를 100퍼센트 책임질 수는 없습니다. 책이 주는 정보나 지식도 결국은 아이가 자신이 살고 있는 사회와 현상들에 대해 자신만의 생각 찾기를 돕기 위한 하나의 수단일 뿐이기 때문이지요.

초등 고학년 무렵에는 책읽기를 통한 생각의 범주를 사회에서 일어나는 여러 사건들에 대해서까지 확장할 필요가 있습니다. 단지 책이 주는 지식이나 있을 법한 사건을 수동적인 자세로 받아들이는 것에서 벗어나 현실, 즉 나의 주변과 사회로 시야를 넓혀야 하는 것입니다.

그리고 사회 문제에 대해 호기심을 가지고 스스로 해결하기 위해서 다양한 방법을 동원해 필요한 정보들을 적극적으로 찾아야 합니다. 이렇게 사회 문제에 대해 여러 방향으로 생각을 펼치는 '프로젝트식 생각하기' 는 아이의 생각을 적극적으로 깨우는 최고의 방법입니다.

생각의 가지를 펼치는 방법 :)

'프로젝트식 생각하기' 의 주제를 찾을 때는 아이들이 알고 싶어 하고 궁금해하는 현재의 사건을 중심으로 찾아야 합니다. 예를 들어, 우리를 긴장시킨 '북한의 미사일 발사' 나 '과대 포장한 과자' '학교 폭력' 등을 주제로 삼아도 좋아요.

그러면 첫 번째 단계에서 주제에 대한 생각의 가지는 어떻게 펼쳐야 할까요? 저는 한 가지 주제에 대해 상하좌우의 모든 측면을 생각하기 위해서 고개를 돌려야 한다고 이야기합니다. '상' 과 '하' 는 주제에 대한 시간적인 찾기이고 '좌' 와 '우' 는 공간적인 찾기입니다. 더 자세히 말하면 현재의 주제에 대해 과거와 미래의 사건을 찾고, 우리나라를 비롯해 우리와 국제적인 관계를 가진 다른 나라의 사례를 찾아가며 생각을 넓히는 것입니다.

△ '과대 포장'에 관한 생각그물의 뼈대

정보를 직접 찾는 과정에서는 책이나 인터넷 검색, 현장 체험 또는
영상물 시청 등 모든 도구를 사용하기를 권합니다. 그리고 찾아낸 것은
무엇이든 생각그물로 남기는 것이 좋습니다. 이때 아이들은 생각해야
할 범위와 도구를 스스로 정하는 것을 어려워할 수 있어요. 아무런 정보
도 없이 서울 가서 김 서방 찾기를 하는 것처럼 아이들 입장에서는 처음
엔 도무지 답이 안 보여 막막해하고 답답해하는 것도 무리는 아니지요.
하지만 차츰 생각그물의 가지들이 빽빽하게 채워지는 것을 보며 자신
감도 차곡차곡 쌓여갈 거예요.

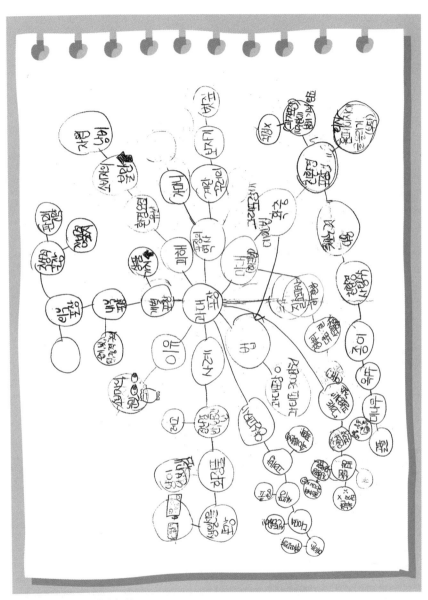

▲ '과대 포장'에 관한 생각그물

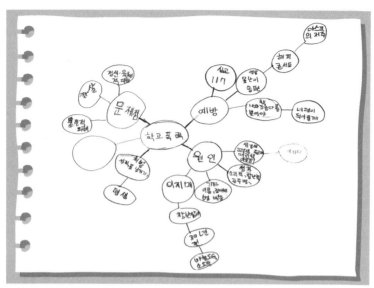

▲ '학교폭력' 생각그물

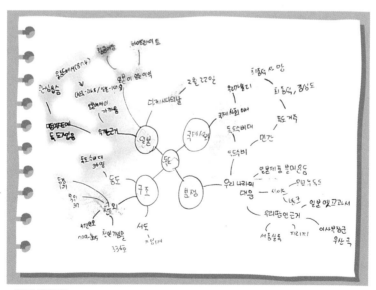

▲ '독도' 생각그물

196

두 번째 단계에서는 여러 창의적인 방법으로 주제에 대한 자신의 생각을 표현해야 합니다. 이때 에세이를 쓰는 활동만이 아니라 통합 교과형의 활동을 선택해보기를 권합니다. 언어나 예술, 수학, 과학 분야까지도 확장시켜 표현하는 과정을 통해 우리 아이의 잠재적 재능을 발견할 수도 있을 테니까요.

저는 이런 프로젝트식 생각 찾기를 통해 목적을 가지고 책을 읽고, 인터넷 검색 등을 통해 필요한 정보를 찾아내는 아이들의 적극적인 모습에 여러 차례 놀랐습니다. 자신이 정한 관심 있는 주제에 대한 정보를 알아내기 위해서 주도적으로 움직이는 아이들의 진지한 모습과 집중력은 약간 과장해서 말하면 에디슨과 다윈의 모습에 조금도 뒤지지 않았어요. 이것이 바로 부모가 바라는 자기주도적 학습을 하는 아이들의 모습일 것입니다.

〈언어 영역〉
에세이

〈창의언어·
미술 영역〉
공익광고하기

과대 포장

〈창의과학 영역〉
친환경 포장 구상

〈과학 영역〉
포장의 과학

▲ 통합교과식 계획안

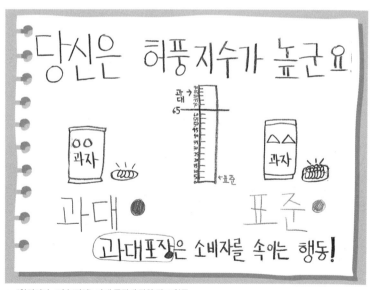

▲ 〈창의언어·미술 영역〉 과대 포장에 관한 광고 활동

▲ 〈창의언어 · 미술 영역〉 학교폭력에 관한 광고 활동

▲ 〈창의언어 · 미술 영역〉 학교폭력에 관한 광고 활동

〈과대포장의 미래는?〉
오늘 과대포장한 과자 상자 크기가 과자 양을 비교해 놓은 사진이 인터넷을 떠돌고 있다. 원래 포장의 목적은 상품 관리를 쉽게 하고, 운반을 편리하게 하며, 상품을 보호하기 위해서이다. 하지만, 오늘은 기업들의 상술로 과거 않아도 될 포장 즉 과대포장이 된 상품들이 크게 늘고 있다. 과대포장을 하면 수많은 문제점이 발생할 수 있다. 그

예로, 폐기물 증가, 운송비 증가, 환경오염, 자원낭비 등 경제적으로도 좋지 않다. 심지어 우유 등 대체 상품을 과대포장해 포장비를 더하여 가격을 부풀린 후 할인해주는 것처럼 소비자를 현혹하는 경우도 있다. 이런 걸을 '침소봉대' 라는 사자성어로도 설명할 수 있다. 침소봉대는 바늘 만한 이야기를 몽둥이만하게 부풀려 이야기한다는 뜻이다. 과거에는 저 푸라기나 보자기 새끼 등으로 물건을 포장해

다. 상품을 포장할 때는 주머니를 썼다. 현재는 비닐이나 PVC (폴리염화비닐), 종이 상자, 셀로판, 금속 등 환경과 건강에 그다지 좋은 영향을 주지 않는 재료들을 주로 사용한다. 그렇다면, 미래에는 어떤 재료로 포장을 하게 될까? 지금도 매대 곳에서 사용하고 있는 환경 포장 소재로는 한번 쓰고 버리는 플라스틱 머번 두고두고 볼 수 있는 멀페용기, 에코백, 그리고 전국 투레쥬로

가정집에서 이용하는 친환경 빙두 등이 있다. 농축 폐기물을 이용해 포장을 하는 회사도 생겼다. 나는 미래에도, 자연에서 나거나 자연과 인체에 무해한 은해 한 친환경적인 소재로 포장을 하게 되기여라고 생각한다. 감자 등 식물과 사람의 버리는 과일 씨 등이 포장될 것이다. 그리고 또, 내 예상으로는 미래에는 과대포장이 없어질 것이다. 왜냐하면 미래에는 과대포장 금지 법률을

충과해서 90% 이상을 내용물로 채워야 한 것이기 때문이다. 또한 사람들이 과대포장이 얼마나 자신들에게 나쁜건지 인지 깨달아서 여러 겹으로 포장하는 상품 빼며 운동을 시작할 것이기 때문이다. 앞으로 기업들이 상술을 그만 부리고 상식적으로 포장을 하고 상품을 팔아야 한다고 생각한다.

▲ 〈언어 영역〉 과대 포장의 글쓰기 활동(초등 4학년).

영어사전 없이 영어 공부하기

"엄마, 우리 영어 선생님은 참 이상해!"

"왜? 무슨 일인데?"

큰아이가 초등학교 5학년 때쯤의 일입니다. 이제까지 선생님에 대해 별로 불만을 가지지 않았던 큰아이 입에서 대뜸 그런 말이 나와서 저는 깜짝 놀랐습니다.

"영어 선생님이 그러는데 영어는 암기과목이래. 무조건 외우래. 이상하지, 응?"

"정말? 넌 어떻게 생각하는데?"

"영어가 어떻게 외우는 거야. 우리는 한 번도 외운 적이 없잖아."

"우리 집은 그렇지."

"어떻게 영어를 볼 때마다 다 외워? 말도 안 되지. 그럼 영어가 무지하기 싫겠다."

"맞아, 선생님은 옛날에 영어를 배우서서 그럴 수도 있어. 그러니까 너희들은 옛날의 방법으로 그렇게 어렵게 영어를 공부해서는 안 되겠지."

우리 집의 영어 공부 방법은 좀 다릅니다. 영어학원에서 하듯 쓰기 위주의 교육이 아니라 듣기가 대부분입니다. 아마도 듣기 위주의 영어는 아이들이 고등학생이 되어서도 영어의 기본이 될 것입니다. 그래서 우리 집에서는 영어사전을 필수품처럼 가지고 공부하는 모습은 찾아볼 수 없어요. 영어사전보다는 DVD가 필수품이 되었으며, 초등학교 6년 내내 영어사전은 영어 공부의 필수품이 아니라 들러리에 머물렀답니다.

요즘에는 DVD를 보며 영어 공부를 하는 아이들이 점차 많아지고 있습니다. 하지만 여전히 영어사전을 보지 않고 어떻게 영어 공부가 가능하냐고 묻는 엄마들도 많아요. 제가 아이들에게 영어 공부를 할 때 영어사전을 찾지 못하게 하는 이유는 간단합니다. 작은 것에 매여 큰 것을 놓치지 않게 하기 위한 것입니다. 영어사전을 찾다 보면 한 문장의 의미보다는 그 단어의 의미만을 좇아가게 됩니다. 또 모르는 단어가 나올 때마다 언어적인 추론을 하는 과정은 생략한 채 사전만을 믿고 의지하게 됩니다.

저는 사전 없이는 한 문장도 제대로 해석할 수 없다고 생각하는 것이 바로 영어를 망치는 지름길이라고 생각했습니다. 영어 공부를 하는 아이들의 모습을 보면 마치 암기과목을 공부하듯이 한 문장을 읽다가도 모르는 단어가 나오면 바로 사전부터 펼쳐듭니다. 열심히 연습장에 단어를 쓰고 중얼중얼 외우지요. 그리고 또 다음 문장을 읽다가 얼마 못 가 다시 사전을 펼칩니다. 이렇게 자꾸 브레이크를 걸어 필요 이상으로 사전에 멈추어 있는 시간이 많아지게 됩니다. 온전히 아이 혼자만의 힘으로는 한 문장도 제대로 의미를 파악할 수 없게 되어버리지요.

우리 글로 쓰여진 신문이나 소설, 에세이 등을 읽을 때를 생각해보세요. 우리 글로 쓰여졌다고 해도 간혹 모르는 단어가 나오는 경우가 있습니다. 하지만 그때마다 사전을 찾거나 또는 그 단어의 뜻을 모른다고 해서 문장 읽기를 포기해버리는 일은 없잖아요. 모르는 단어 한두 개쯤은 이미 알고 있는 다른 단어들의 뜻을 통해 유추하려는 노력을 어렵지 않게 할 수 있습니다. 이런 능력은 다양하고 밀도 있는 독서를 통해서만 가능하다는 사실은 두말할 필요도 없을 것입니다.

저희 집 아이들은 6, 7세쯤부터 영어 스토리북을 들려주면서도 책에 그려진 이미지와 연관지어서 생각하고 내용을 유추하며 읽어서 그런지 DVD를 볼 때도 모르는 단어가 들려도 크게 당황하거나 못하겠다고 고집을 부리지 않았습니다. 영어를 접하는 시간이 늘어갈수록 영어책이나 영자신문 등을 통해서 지난번에는 몰랐던 단어들을 다른 곳에서 다시 만나게 됩니다. 그때 아이들은 전에 만났던 단어의 의미를 유추하여 짐작하게 된답니다. 여러 책에서 반복해 같은 단어들을 만나게 되면서 몰랐던 단어의 의미가 더욱 정확하게 각인될 것입니다.

모르는 단어의 의미를 사전 찾기를 통해 빠르게 한번에 알게 하는 것이 아니라 다양한 문장 속에 계속 노출시키면서 서서히 스스로 알아가기를 해야 하니 이 과정은 '엄마의 기다림'이라는 교육의 힘이 없다면 절대 불가능한 일입니다.

영어단어 암기에 크게 진을 빼지 않아서 그런지 우리 아이들은 영어 공부에 매일 시간을 들이는 것을 힘들어하거나 거부하는 식의 소위 말하는 슬럼프가 없었던 것 같아요. 간혹 모르는 단어가 등장했는데 그것이 그 문장에서 굉장히 중요한 의미를 가진다고 느껴졌을 때는 그냥 넘겨야 하는 답답함을 이기지 못해 스스로 사전을 찾아보는 예쁜 모습을 보이기도 한답니다. 역시 목마른 자가 우물을 파야 제대로 파는가 봅니다.

요즘에는 CNN을 듣고서 영어 귀머거리 엄마에게 뉴스를 전해주고,

영자신문을 읽고 문법적으로 분석하는 수준에 있습니다. 물론 100퍼센트는 아니지만 지금의 수준이 모두 아이들 스스로 이루어낸 것이기에 저는 우리 아이들의 힘을 믿고 기다립니다.

만약 제가 100퍼센트 완벽한 문장 해석을 요구했다면 아이들은 벌써 영어에 지치고 힘들어했을 거라고 확신합니다.

MORE **TIP**

자기주도 영어 학습으로 이끄는 방법
1. 영어사전에 의지하지 않는다.
2. DVD 또는 책을 보며 이미지 또는 문맥을 통해 의미를 유추해본다.
3. 영어에 꾸준히 노출시켜준다.

생각하는
수학 공부

학원 수강을 하지 않고 혼자 공부할 때 가장 어려운 과목은 바로 수학이었습니다. 영어나 다른 과목들은 오랜 시간 동안 공들여 쌓은 책읽기를 통해 사고력과 이해력이 생긴다면 자연스럽게 상승 곡선을 보여주었어요. 하지만 수학은 달랐습니다. 아이들 스스로 한 문제를 끝없이 물고 늘어지는 악착같은 근성을 경험하지 못하면 '수학'이라는 산을 혼자 넘기는 어려운 일이었습니다.

사실 저는 지금까지도 아이들에게 수학 선행을 위해 개념을 차근차근 설명해주는 친절한 엄마는 아닙니다. 제가 수학을 좋아하지 않기도 하지만 반드시 그 때문만은 아니랍니다. 남편은 수학을 몹시 잘했다고 하는데, 저는 그런 남편에게도 아이들에게 수학에서 개념을 일일이 설명하는 것만은 하지 말아달라고 부탁했습니다.

작은아이가 초등학교 1학년 때였어요. 작은아이는 수학 문장제 문제를 힘들어해서 걸핏하면 "엄마 도와줘, 아빠 도와줘"를 외치곤 했습니다. "윤성이는 왜 수학 문장제 문제를 읽고 나서 문제에서 요구하는 것이 무엇인지 차근차근 따져보지 않을까?" 저는 답답하기만 했습니다.

저는 아이가 부르기만 하면 언제라도 기꺼이 달려갔습니다. 아이가 어려워하는 그 문제를 읽고 이해가 될 때까지 함께 생각해보고 따져보았지요. 그래도 모를 때는 해설이라도 읽어서 아이가 이해할 수 있는 쉬운 단어로 바꾼 후 아이가 고개를 끄덕일 때까지 인내심을 가지고 설명하고 또 설명했습니다.

"알겠니? 정말?"

"다시 설명할까?"

"어느 부분이 이해가 안 되니?"

"왜 아직도 모르는 얼굴이야?"

저는 어떻게 해서든 모르는 문제를 그대로 넘어가지 않도록 그날 그날 문제의 풀이 과정을 이해시키려고 노력했습니다. '이렇게라도 하다 보면 혼자 해결할 수 있는 힘이 생기겠지'라며 부질없는 희망의 탑을 공들여 쌓아갔지요.

그런데 공든 탑도 무너지던가요? 스스로 탄탄히 다져지지 않은 윤성이의 답은 어느 문제에도 쉽게 휘청거렸습니다. 며칠이 지나 비슷한 유형의 문제에 부딪힌 윤성이는 야속하게도 또 처음 보는 문제를 대하듯 행동해 저를 약오르게 하는 것이었습니다.

"엄마가 설명해주었던 문제잖아. 너 기억 못하겠어? 한 귀로 듣고 한 귀로 뺐니? 참 너무한다. 엄마는 목이 아프도록 설명했는데."

그저 한숨만 나올 뿐이었습니다. 그리고 결국 아이가 모르는 문제를 엄마가 해설이라도 보고 이해해서 친절하게 설명해주는 것은 분명 아이에게 도움이 되는 방법이 아니라는 것을 깨달았습니다.

나중에 생각해보니 깊은 생각을 통해 문제해결력을 기르고 끈질기게 생각하기는 엄마인 저만 하고 있었고, 윤성이는 단순한 계산만 하고 있는 꼴이었습니다. 결국 한 문제에 대해 깊게 생각하는 사고력은 저에게만 길러지고 있었고, 윤성이에게는 어느 바람에도 쉽게 고개를 숙이고 의지하려는 마음만 커지고 있었으니 저는 참으로 어리석은 엄마였습니다.

그 무렵 저는 우뇌가 우세한 윤성이는 문자로 된 문제에 심하게 두려움이 있다는 사실을 알게 되었어요. 대신 도형이나 이미지로 된 문제를 재미있어 해서 그런 문제는 징징거리는 일 없이 풀어나갔습니다.

'아! 윤성이의 뇌가 즐거워하는 방법으로 생각하게 하면 되겠구나!'

그 후로 저는 윤성이에게 지루하게 문장으로 읽은 문제를 그래프나

도형으로 그려 다시 설명하기를 반복했습니다. 그렇게 설명하다 보니 윤성이는 서서히 수학에 재미가 생기고 자신감을 보이기 시작했지요.

다시 내려오기식 수학 공부법 :)

저는 수학 공부 방법에 큰 변화가 필요하다고 생각합니다. 학원만 안 보낼 뿐 어려운 산은 선생님 대신 엄마와 아빠가 손잡고 끌고 넘어간다면 다시 혼자 그 산을 만났을 때 아이는 스스로 넘는 방법을 찾아내지 못하고 말 것입니다.

그래서 생각한 방법이 '다시 내려오기'입니다. 밑에서 울고불고 몸과 마음이 다 상처를 입는 것보다 오늘 꼭 그 산을 정복하지 못하면 어떠랴 하는 마음으로 다시 내려와 내일 또 올라가는 것이지요. 내일은 다른 길로, 모레는 또 다른 길로 그렇게 오르다 보면 다양한 각도에서 정상을 올려다볼 수 있을 것입니다.

우선은 내려놓는 연습이 필요합니다. 혹시 자꾸 내려놓기만 하다 보면 아이가 그 산을 다시 오르려고 하지 않을까 걱정하는 엄마도 있겠지만, '우리는 내일 다시 오르기 위해 내려오는 거야'라는 마음을 갖는 것이 중요합니다. 오늘 정한 분량을, 오늘 만난 그 문제를 오늘 꼭 해결하지 못하면 나쁜 습관이 만들어질까 두려워서 엄마가 전부 설명을 해줘

서라도 아이가 그 문제를 풀어낸 척하게 만들고 있지는 않은가요? 다시는 혼자서 오르고 싶지 않은 산이 되는 것이 더 나쁜 습관일 텐데 말입니다.

저 역시 그날 막힌 문제는 그날 꼭 해결해야 한다는 조바심이 생겨서 윤성이가 제대로 들을 준비가 되어 있는지 헤아리지도 않고 마구 쑤셔 넣기 위한 설명을 했던 것 같아요. "왜 설명해도 모르니? 귀 막고 있니?" 하고 목청껏 소리를 지르며 윤성이를 협박하기도 했고요. 머릿속에 박아두었다고 저 혼자 오해하기도 했지요.

계획된 진도에 맞추기 위해서는 내가 설명을 해서라도 한 문제에 지체되어 있는 것은 막아야 한다고 생각했기 때문입니다. 그러다 보니 아이는 점점 더 엄마의 설명에 맞춰 로봇처럼 계산하고 '엄마가 잘 푸네'라는 뜻으로 고개만 끄덕이고 있었던 것입니다. 결국 엄마가 아이를 허수아비로 만들어버리고 있는 셈이었지요.

저의 친절로 위장한 조급함 덕분에 눈으로 보이는 진도는 만족스럽게 잘 진행되고 있었지만, 수학 공부의 가장 큰 목적인 아이 스스로 생각해 문제를 풀어내고자 하는 끈기와 사고력은 점점 사라져버리게 되었습니다. 어이없는 소탐대실의 결과였지요.

그 후 저는 수학 공부에서도 아이들에게 주도권을 주어야겠다고 결심하게 되었습니다. 그래서 윤성이가 물어오는 문제에 대해 일부러 못들은 척하기도 했고, "엄마한테 공짜로 설명해달라고 하지 마. 네가 더 생각해봐"라는 야박한 대답을 하기도 했습니다. 쉽지는 않았지만 더 큰 목적을 위해 윤성이를 많이 서운하게 했어요.

윤성이는 "생각해도 안 돼"를 외치면서 고집 부리기를 몇 달을 했을까 서서히 고집을 꺾고 "엄마!"를 외치는 횟수가 줄어들기 시작했습니다. "어차피 혼자 하라고 할 텐데"라고 체념하다가 "더 생각해보자"라고 스스로를 달래는 듯했답니다. 그 결과 이제 저희 집에서는 수학문제집을 들고 엄마 아빠를 부르는 모습은 찾아보기 어렵게 되었습니다.

저는 아이들에게 인강이나 과외 선생님도 제공하지 않는답니다. 물론 아이들이 매번 수학 시험에서 백점을 맞아 오는 성적은 아니지만 최상위 문제까지도 80퍼센트 정도는 스스로 해결합니다. 저는 시간이 걸리더라도 그렇게 혼자 해결해가는 게 더 의미있는 일이라고 생각해요.

제가 하는 일이라고는 수학 공부에서도 그저 아이가 스스로 해결할 수 있도록 기다려주는 일뿐입니다. 지금 아이들의 수학 공부에서 실질적으로 도움을 주고 있는 일이라고는 아이와 함께 교재를 선택하는 일이 전부예요. 수학도 다른 과목과 마찬가지로 개념이 잘 설명되어 있는 기본 문제집을 선택해 스스로 읽고 풀게 했습니다.

특히 수학 과목에서는 선행이 필수처럼 여겨져 학원이나 과외를 통해 자기 학년보다 1년 이상 앞선 과정을 공부하고 있는 것이 현재 초·중·고등학생의 현실입니다. 하지만 저희 집의 경우 초등학교 때까지 선행이라고는 방학 때 다음 학기 예습을 하는 정도뿐이었습니다.

큰아이 윤구의 경우에는 초등학교 마지막 겨울방학부터 중학교 과정을 예습하기 시작했어요. 그런데 초등학교와는 다르게 중학 수학은 개념을 읽고 이해하기가 좀 어려웠는지 윤구는 종종 저에게 이렇게 말했습니다.

"엄마, 내가 잘 읽고 이해한 것 같은데 문제가 안 풀려. 중학교 수학은 혼자서는 힘든 것 같아. 설명해주는 선생님이 필요해."

"왜 이렇게 진도가 안 나가지? 이러다 계속 중1 수학만 보고 있겠어. 지루해."

이렇게 저에게 투정을 하기도 하고 도와달라고 부탁하기도 했습니다.

"괜찮아, 윤구야. 초등학교 때보다는 중학교 수학이 더 어렵긴 해. 그러면 더 여러 번 반복해서 보면 되지 않을까? 지금 처음 문제를 읽고 풀때는 너무 막연하고 복잡하지? 그러면 이번에는 문제집 채점은 하지 말고 그냥 풀기만 하자. 그리고 같은 수준의 문제집을 또 한 권 사서 다시 혼자 풀어보면 처음보다는 쉬워질 거야."

이렇게 윤구의 부담을 덜어주니 계속 해보겠다고 했습니다. 그러면서도 그래도 힘들 때는 선생님을 꼭 찾아달라고 저에게 다시 한 번 확인했습니다. 그 후에 윤구는 자신의 투정이 받아들여지지 않자 내심 짜증도 나고 누군가가 옆에서 쉽게 설명해주면 진도도 더 빨리 나가 다른 친구들처럼 중학 수학을 훌쩍 끝낼 수 있을 거라고 아쉬워하는 마음을 제게 비췄어요.

"엄마, 우리 반 친구는 중3 수학을 푼다고 하더라. 난 이렇게 진도 더디게 나가면 언제 중3 수학을 공부하지?"

"친구들은 선행을 다 하고 있는데 나만 느릿느릿해서 어떡하지?"

윤구는 저에게 반 친구들의 이야기를 전하며 개념을 설명해주면 좋겠다는 속내를 계속 비추었어요. 이쯤해서 저도 갈등이 좀 된 건 사실입니다.

"윤구야, 벌써 중3 수학을 하고 있는 친구들보다 윤구 스스로 중1 과정을 깨우쳐가는 편이 나중에는 훨씬 더 어려운 문제까지 풀 수 있어. 그리고 너 혼자 공부해도 그 친구들 진도를 금세 따라잡을 테니 두고 봐."

저는 중학 3년 수학을 다 끝냈다는 사실보다는 모르는 문제에 부딪혔을 때 여러 가지 방법을 시도해 끝까지 알아내려는 끈기가 더 중요하다고 윤구를 설득했어요. 그 결과 지금 윤구는 중1이지만 초등 6학년부터 시작한 선행 공부를 매일 한 시간 정도씩 계속한 끝에 이제는 중3 과정을 공부하고 있답니다.

처음 윤구가 중학 수학의 개념을 읽고 이해하기 어렵다고 저에게 도움을 요청했을 때 저는 '아이 스스로 생각하는 힘을 믿고 기다려주자'고 생각했습니다. 빠른 길은 아니겠지만 아이에게 스스로 생각할 기회를 주기 위해서 저는 앞으로도 계속해서 아이를 믿을 것입니다. 그리고 언제든 기꺼이 기다릴 준비가 되어 있습니다.

MORE **TIP**

학원과 과외에 의존 않는 자기주도식 수학 공부법

1. 문장제 문제를 이미지로 그려 구체화시키는 연습을 한다.
2. 다양한 방법으로 풀기를 시도해본다.
3. 선행보다 '스스로' 에 더 의미를 둔다.
4. '처음부터 완벽하게 해야 한다' 보다는 '여러 번 다진다' 는 마음으로 공부할 수 있도록 격려한다.

* 본문 속에 등장하는 책들

《주먹이》 김중철 엮음, 이혜리 그림 / 웅진주니어

《세상에서 가장 유명한 미술관》 메리디스 후퍼 글 · 그림 / 국민서관

《무지개 물고기》 마르쿠스 피스터 글 · 그림, 공경희 옮김 / 시공주니어

《야, 우리 기차에서 내려》 존 버닝햄 글 · 그림 / 비룡소

《따로 따로 행복하게》 배빗 콜 글 · 그림, 고정아 옮김 / 보림

《돼지책》 앤서니 브라운 글 · 그림, 허은미 옮김 / 웅진주니어

《깃털 없는 기러기 보르카》 존 버닝햄 글 · 그림, 엄혜숙 옮김 / 비룡소

《창덕궁》 최재숙 지음, 홍선주 · 달리 그림 / 웅진주니어

《나의 영원한 세 친구》 헬메 하이네 글 · 그림, 황영숙 옮김 / 혜문서관

《그럼 오리너구리 자리는 어디지?》 제랄드 스테르 지음, 윌리 글라조에르
그림, 이정임 옮김 / 물구나무

《지렁이 굴에 들어간 브루노에게 무슨 일이 생겼을까?》 구닐라 잉게브스
글 · 그림, 배은주 옮김 / 주니어파랑새

《피는 부지런해》 고바야시 마사코 지음, 세베 마사유키 그림, 이선아 옮김
/ 시공주니어

《고구려 나들이》 전호태 지음, 한유민 그림 / 보림

《열두 띠 이야기》 정하섭 지음, 이춘길 그림 / 보림

《좋은 꼬맹이 고르기》 배빗 콜 글 · 그림, 조세현 옮김 / 비룡소

《나라마다 시간이 달라요》 믹 매닝 지음 / 그린북

《옛날 옛적 지구에는…》 윤소영 지음, 조경규 그림 / 웅진주니어

《건축가 로베르토》 니나 레이든 글 · 그림, 김경태 옮김 / 주니어파랑새

《변신》 프란츠 카프카 지음, 고은주 옮김, 김명호 그림 / 아이세움

《꼬마 원시인 크로미뇽》 미셸 게 글 · 그림, 이경혜 옮김 / 웅진주니어

《줄줄이 꿴 호랑이》 권문희 글 · 그림 / 사계절

《갯벌이 좋아요》 유애로 글 · 그림 / 보림

《마녀 위니》 밸러리 토머스 글/코키 폴 브릭스 그림/김중철 역 / 비룡소

《작은 철학자 시리즈》 / 오르다

《쇠를 먹는 불가사리》 정하섭 글, 임연기 그림 / 길벗어린이

《신기한 스쿨버스 시리즈》 / 비룡소

《EQ의 천재들》 / 나비북스

《흠~흠 공기가 있어요》 곽영직, 김은하 지음, 최현묵 그림 / 웅진주니어

* 120~121쪽에 사용된 키스 해링(Keith Haring) 그림은 저자가 2010년 키스 해링 전시회에서 구입한 것입니다.